AF317935

PHILIPPE BURTY

·PAUL HUET

NOTICE BIOGRAPHIQUE ET CRITIQUE

SUIVIE DU

CATALOGUE DE SES ŒUVRES

Exposées en partie dans les salons

DE

L'UNION ARTISTIQUE

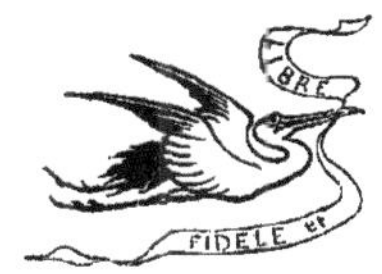

PARIS

PLACE VENDOME, 18

Décembre 1869

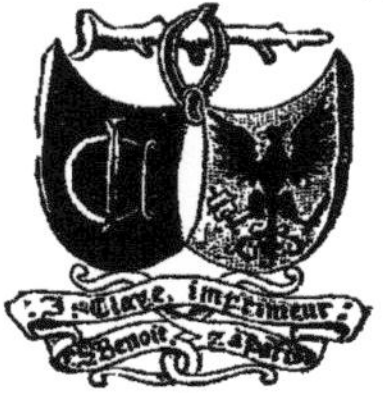</p>

L'eau-forte originale de Paul HUET, qui orne cette notice,
a été imprimée chez M. Salmon, à Paris.

PHILIPPE BURTY

·PAUL HUET

NOTICE BIOGRAPHIQUE ET CRITIQUE

SUIVIE DU

CATALOGUE DE SES ŒUVRES

Exposées en partie dans les salons

DE

L'UNION ARTISTIQUE

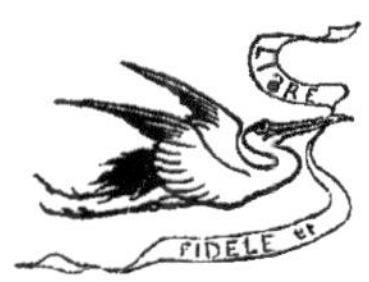

PARIS

PLACE VENDOME, 18

Décembre 1869

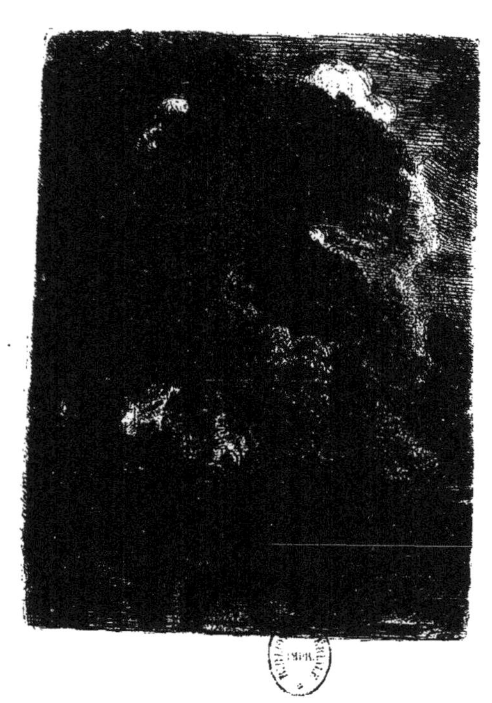

PAUL HUET

Les caresses ou la rigueur du foyer paternel, la rudesse ou la grâce des lieux qui virent germer et éclore les sourires et les larmes du poëte ou de l'artiste, impriment à son œuvre un cachet ineffaçable de confiance ou de révolte, d'attendrissement ou de sécheresse.

Ce que l'œuvre de Paul Huet a de mélancolique et de fier explique ce que supportèrent son enfance et sa jeunesse.

De même, dans la meilleure des compositions de son âge mûr, on retrouvera l'influence directe de ces études qu'à peine adolescent il peignait dans l'île Séguin, un coin de paradis terrestre oublié longtemps tout exprès pour les peintres aux portes de Paris.

L'île Séguin existe encore en pleine Seine, non loin de Sèvres, mais dépouillée de ses grands arbres, tondue, fauchée. Au temps où Paul Huet l'habita, — installé chez un excellent camarade qui essayait aussi la peinture, mais depuis bifurqua, — l'île était hérissée et verdoyante comme une forêt du Nouveau Monde. La nuit, les maraudeurs venaient en scier les arbres, et les braconniers y tendaient des collets. Quand les chiens de garde aboyaient, il fallait se lever, prendre un fusil, et faire au clair de lune une ronde qui d'ordinaire n'inquiétait que les poulains mêlés aux vaches dans les prés plantureux. Alors Huet ne rentrait plus se coucher, tant c'était étrange, aux équinoxes, de voir la lune courant affolée derrière les paquets de nuages blancs, ou, l'été, la Seine s'embrasant au feu des éclairs... Le jour, il marchait au milieu de décors plantés pour un opéra surhumain : les rayons du soleil pleuvant en chaude averse au cœur des clairières, la lumière mourant après mille combats au fond d'une allée basse, les hêtres rappelant les pâles colonnes parées de lierre d'un temple élyséen, les ronces, les églantiers, les viornes, les vignes vierges défendant l'approche de la berge, et puis les horizons fermés par la futaie en pente de la lanterne de Diogène, à l'automne, rousse comme une fourrure de fauve, et le soir, se glaçant d'outremer et de violet.

A chaque crue d'orage, la Seine débordait, envahissait les allées du parc de Saint-Cloud, et l'inondation posait, fluide et silencieuse, son miroir magique au pied des arbres. Ceux-ci, plongeant dans une terre humide et grasse, s'élançaient en bouquets hardis, étendaient leurs branches longues et souples, étalaient leur feuillage sain et clair.

Tels sont les arbres de l'Angleterre.

Aussi l'analogie entre la peinture anglaise de paysage et les études que fit Paul Huet dans l'île Séguin, de 1820 à 1822, est-elle frappante. Le rapprochement jaillit, évident et logique, de la recherche instinctive ou plutôt de la présence continue de motifs et d'effets analogues. C'est, de part et d'autre, ce que l'on pourrait appeler de la peinture d'insulaire[1]. Il faut bien constater qu'il n'a pu avoir pour premiers modèles les peintures de Constable, de Fielding, de Reynolds et des autres, puisqu'elles ne vinrent en France qu'à l'occasion du Salon de 1824. Il emprunta à Bonington qui, lui, ne faisait guère que des marines et des plages, l'éclat *mouvant des nuages blancs épandus dans un ciel très-bleu.* Plus tard il s'éprit des belles gravures à la manière noire, d'après Constable et Turner, et les copia avec soin à l'estompe ou au crayon. Mais les premières influences lui vinrent des Rubens et des Rembrandt du Louvre.

Paul Huet peignait avec une sorte de reconnaissance passionnée cette île qui lui offrait un si doux temps de repos actif, de liberté idéale. Il venait de perdre son père

---

1. Je tiens à poursuivre ce rapprochement, et je prie les amateurs de comparer les eaux-fortes de M. Seymour Haden à celles de Paul Huet, qui, de trente ans antérieures, semblent être des ancêtres de la famille.

qu'il affectionnait beaucoup. Né à Paris, le 3 octobre 1804, il était arrivé, fruit tardif et mal accueilli, vingt ans après ses autres frères et sœurs. La nature réserve à ces retardataires innocents un tempérament mal équilibré, mais un système nerveux plus délicat ; aussi la vie leur est-elle le plus souvent douloureuse.

Il connut à peine sa mère. A sept ans, à ce moment où la maison doit être une cage souriante et bénie, on le jeta dans cette geôle qu'on appelle une pension. Il suivit jusqu'en seconde les cours des lycées Henri IV et Bonaparte. Il faisait, paraît-il, de bons vers latins, trop bons même, car son père parla de le pousser à l'École normale. Il eut peur de l'enseignement et demanda, tout effaré, à entrer dans la vie par telle autre porte que ce fût.

Ce qu'il aimait avant tout, c'étaient les images. Ses jours de congé se passaient sur les quais du Louvre à fouiller ces cartons qui furent, jusqu'au jour où l'Édilité les balaya comme un colis encombrant, le Cabinet des estampes des artistes et des rêveurs. Il s'oubliait devant les Géricault et les Charlet[1] suspendus à la ficelle des étalagistes du boulevard. Un dessin, un paysage de Rembrandt, sur la marge duquel il avait déchiffré ces mots singuliers : « *Tacet, sed loquitur* », l'avait frappé à ce point que, dans sa vieillesse, il eût pu le peindre de souvenir.

Et ce trait est à noter; il appartient à la série de ces curiosités singulières, de ces ardeurs indéfinies qui, aux approches des révolutions, agitent les esprits sensibles. Le classique régnait alors sans réserve. Rembrandt était ou oublié, ou conspué, ou exorcisé. Mais quelques jeunes gens lisaient avec passion Jean-Jacques, Bernardin de Saint-Pierre, Chateaubriand, Schiller, Gœthe, Shakspeare même. Des émotions nouvelles allaient exiger en peinture comme en littérature des modes nouveaux d'expression. Le Romantisme naissait. Huet, dans les der-

1. Je lis dans le testament d'Eugène Delacroix : « Je lègue à MM. Carrier, Huet, Schwiter et Chenavard toutes mes esquisses de Poterlet et les dessins de M. Auguste. — A M. Huet, toutes mes lithographies de Charlet. »

niers temps de sa vie, racontait volontiers la surprise et le tremblement qui le prirent en face des premiers envois de Géricault, le *Guide*, le *Naufrage de la Méduse*. Il ne pouvait se détacher de ces peintures qui contrastaient violemment avec la sagesse étriquée des maîtres en vogue. « Tu ne seras jamais qu'un petit Vanloo, » lui disaient avec mépris ses camarades de l'atelier Guérin. Quand, avec son camarade Commayras, ils échangeaient tout haut leurs admirations pour les paysages de Rubens, on les regardait avec une certaine anxiété. « Ce sont des fous furieux », murmuraient les bons élèves.

A la mort de son père, marchand de toiles ruiné par la débâcle des assignats et qui n'avait pu reconstruire sa fortune sous l'empire, Paul Huet était si gêné qu'il quitta l'atelier de Gros faute de pouvoir solder sa cotisation mensuelle. On l'avait mis d'abord chez un obscur élève de David qui, pendant deux ans, lui enseigna l'art des hachures et du grené doux, d'après les figures de Lemire. Ce professeur composait aussi des modèles pour le papier peint. Il voulut prendre le jeune Paul comme apprenti; mais celui-ci, ayant résisté, fut renvoyé et traité de monstre d'ingratitude.

Je trouve son nom, en 1822, dans la liste des élèves de Gros publiée par M. Delestre. Gros inspirait à ses élèves une admiration sans bornes. Mais Paul Huet éprouva cruellement les retours de cette âme molle et de ce caractère vaniteux. Un jour Gros passe derrière lui, regarde son académie, s'arrête, et à haute voix la déclare excellente : « Quel est votre numéro de réception à l'École des beaux-arts[1]? — Monsieur, je suis exclu du concours comme trop faible. — Pourquoi diable aussi faites-vous des jambes trop courtes? » s'écrie Gros humilié dans son amour-propre de professeur, et repoussant brusquement le carton du naïf garçon, que navra cette brusque et brutale évolution.

Paul Huet entra chez Pierre Guérin. L'atelier ferma six mois après. Eugène Delacroix, dont il devait plus tard devenir l'ami, en était déjà sorti.

1. Paul Huet figure sur les registres de l'École comme y étant entré le 23 septembre 1820.

A ce moment, nous l'avons dit tout à
l'heure, Huet quitta les ateliers et peignit
d'instinct le paysage. Dans les annés qui
suivirent, il sortit de sa chère île Séguin,
battit les environs de Paris et s'enfonça
dans les fossés de cette forêt de Compiègne,
où, quelques années plus tard, devait l'al-
ler rejoindre Théodore Rousseau, encore
presque enfant.

Une de ses franches études tomba un jour
sous les yeux d'Eugène Delacroix, qui demanda à ce que l'artiste lui fût présenté,
le félicita chaudement et l'épaula de ses
relations. J'ai vu cette étude. C'est une
lisière de bois dans la forêt de Saint-Cloud.
Le soleil descend derrière les arbres, et
darde mille traits d'or aveuglants. L'effet
est déterminé. Les masses sont hardiment in-
diquées et détaillées avec le soin d'un artiste
qui sait planter un bonhomme, attacher un
membre, suivre le jeu d'un muscle. Les
arbres sont longs, trop longs même, comme
ces figures de la Renaissance qui comptent
un trop grand nombre « de têtes. » Cette
exagération dans la sveltesse des troncs,

dans l'allongement des branches, ou dans l'élévation des murs de feuillage est la caractéristique de l'œuvre de Paul Huet; les ormes vont jusqu'à ressembler à des pins d'Italie de Watteau. Mais s'il voyait trop grand, il faisait poétique; d'autres, de nos jours, voient plus exact, mais ils font commun.

Ces premières études marquent également une tendance à opposer les ombres bitumineuses aux parties claires qui lui fut si souvent reprochée et qui semble un trait d'étroite parenté avec l'école anglaise. Mais on y doit voir surtout une imitation malhabile des feuillés roux de Rubens ou de Van Dick. De même pour les terrains frottés de glacis trop chauds.

Huet, faisant cela, était de parfaite bonne foi. Il y était conduit par son sentiment plus que par ses raisonnements. Il ne visait point sciemment à l'effet, à l'artificiel. Il était de ces natures extra-sensitives que le *frigus opacum* des grands bois remplit d'une terreur sacrée, que les approches d'un orage énervent, accablent ou surexcitent jusqu'à la névrose. Les « effets » dans la nature le frappaient profondément. Il les exagérait volontiers. Ainsi les ciels d'orage écrasent souvent ses plaines, ses montagnes et ses océans. Au lendemain de sa mort, M. Michelet a écrit ces lignes exquises : « Il était né triste, fin, délicat, fait pour les nuances fuyantes, les pluies par moment soleillées. S'il faisait beau, il restait au logis. Mais l'ondée imminente l'attirait, ou les intervalles indécis, quand le temps ne sait s'il veut pleuvoir. Une femme a bien dit : « Nul « n'a eu plus le sens des pleurs de la nature. » A certains jours, mélancolie profonde. »

Parfois, je le répète, — et ses contemporains eux-mêmes en furent frappés, — sa palette trahit son intention.

Dans ses dernières années, visiblement dégagé de toute préoccupation, il parut s'appliquer à peindre plus clair, plus souple. Au point de vue de ce que j'appellerai la douce sonorité des tons, son dernier tableau, cette grande toile qu'il achevait le jour même où l'apoplexie le frappa, est la plus parfaite peut-être de son œuvre.

Le jeune paysagiste fut vite connu et estimé des artistes militants. Il donnait pour vivre des leçons de dessin. Il dessinait au crayon ou peignait des portraits ; j'ai vu celui d'un jeune cousin et celui de sa propre nièce, qui fut sa première femme[1] : ils sont d'une délicatesse singulière. Il dessinait des vignettes et des essais de lithographies. Mais tout le reste du temps était jalousement réservé à l'art. De ces années (1826) date une maison de garde sur la lisière de la forêt de Compiègne où se révèlent, sinon dans l'ensemble, au moins dans la partie confuse, des taillis et dans le ciel, des qualités de composition et de coloris alors purement révolutionnaires.

Il exposa chez les marchands, puis au musée Colbert, des toiles qui furent bien accueillies du public. Il envoya au Salon de 1827 une *Vue des environs de La Fère,* dont la critique ne parla point, mais qui cependant ne passa point inaperçue.

C'est de ce moment que doit dater l'éner-

1. Cette jeune femme, qu'il perdit à Nice en 1839, a exposé au Salon de 1837 un paysage : *Vue de l'Église de*

gique composition des *Moulins à vent*. N'est-
ce pas dans ce coin des environs de Paris
appelé la Glacière qu'il a saisi ce pittoresque
rendez-vous de moulins, ces terrains ocreux,
cette mare, ce ciel léger, profond, aérien ?
Au point de vue de la combinaison des
lignes et de la solidité de la couleur ce tableau est un des meilleurs de sa jeunesse.
Peut-être est-il très-antérieur à l'époque que
je lui assigne. En tous cas, il a précédé les
Decamps. On y sent l'influence de Bonington.

Il était pauvre encore. Les privations lui
valurent une gastrite qui le tortura pendant
dix ans. Il en reçut cette indélébile em-
preinte d'anxiété particulière aux êtres qui
ont été longtemps face à face avec la Mort.
Il avait littéralement failli mourir de faim.

Dans les derniers mois de 1829, il fit pour
le Diorama Montesquieu, — lequel devait
s'ouvrir sous les auspices de la duchesse de
Berry et fut inauguré par le roi Louis-Philippe, — une *Vue de Rouen*, et une *Vue du
Château d'Arques* de quarante pieds de déve-

Criquebeuf, près Honfleur. Elle a aussi peint des natures
mortes et des intérieurs.

loppement. Cette vue panoramique, saisie par des créanciers, fut brûlée dans l'incendie de la Gaîté ; il n'en reste qu'une réduction qui appartient au musée de la ville d'Orléans. On lui offrit de peindre des décors, ce que sans conteste il aurait supérieurement réussi, mais ce qui, à son sens, l'aurait détourné de son but. Il résista avec cet entêtement raisonné et loyal, patient et invincible, qui fut le trait le plus marqué de son caractère.

A l'exposition, plus que semi-officielle, faite dans les galeries de la nouvelle Chambre des Pairs, au profit des blessés de 1830, il prêta une *Vue de Saint-Germain* et l'*Intérieur d'une forêt un jour de fête*.

Quelques mois après, à propos de ce Diorama Montesquieu dont nous parlions à l'instant, le journal *le Globe* (23 octobre 1830) publiait « sur Paul Huet » cet article important à tous égards de M. Sainte-Beuve.

« ....Nous ne reviendrons aujourd'hui que sur l'impression que nous ont causée les deux paysages de M. Huet, celui de la ville de Rouen tout entière prise du haut du Mont-aux-Malades, et celui du château d'Arques en particulier.

« Nous avions déjà vu deux ou trois paysages de M. Huet exposés à la galerie Colbert, et dans tous un même caractère nous a frappé, à savoir l'intelligence sympathique et l'interprétation animée de la nature. L'homme ne joue guère de rôle dans cette manière d'envisager les lieux et de les reproduire ; le groupe d'usage n'y est pas ; la pastorale et l'élégie y sont sacrifiées ; point de ronde arcadienne autour d'un tombeau ; point de couples épars, et de nymphes folâtres, et d'amours rebondis ; point de kermesse rustique, de concert en plein air ou de dîner sur l'herbette ; pas même de romance touchante, ni de chien du pauvre, ni de veuve du soldat. C'est la nature que le peintre embrasse et saisit ; c'est le symbole confus de ces arbres déjà rouillés par l'automne, de ces marais verdâtres et dormants, de ces collines qui froncent leurs plis à l'horizon, de ce ciel déchiré et nuageux; c'est l'harmonie de toutes ces couleurs et le sens flottant de cette pensée universelle qu'il interroge et qu'il traduit par son pinceau. A peine si çà et là, le long de quelque rampe tortueuse d'un coteau lointain, on aperçoit, pareil à un point noir, un voyageur qui gravit. La nature avant tout, la nature en elle-même et avec toutes ses variétés de collines, de pentes, de vallées, de clochers à distance ou de ruines ; la nature surmontée d'un ciel haut, profond et chargé d'accidents, voilà le paysage comme l'entend M. Huet ; et son exécution répond à cette pensée. De larges teintes, une plénitude de ton qui pousse à l'impression de l'ensemble, des ondées de lumière et d'ombre ; des nuances uniques dans l'épaisseur des feuillages et dans la profondeur des lointains, nuances devinées et pressenties, qu'un œil vulgaire ne discernerait pas dans la nature ; qui ne se révèlent qu'à la prunelle humide de larmes, et qui nous plongent en de longues et ineffables rêveries durant lesquelles nous nous mêlons à l'âme du monde. Hoffmann, en son admirable conte de *l'Église des Jésuites*, à l'endroit où le peintre Berthold, ce pauvre génie incomplet, s'épuise dans ses paysages à copier textuellement la nature, introduit à son côté un petit Maltais ironique, espèce de Méphistophélès de l'art, qui lui frappe sur l'épaule et lui donne de merveilleux conseils. On dirait que M. Huet en a profité d'avance. Voici le passage : « Saisir la nature dans « l'expression la plus profonde, dans le sens « le plus intime, dans cette pensée qui « élève tous les êtres vers une vie plus « sublime, c'est la sainte mission de tous « les arts. Une simple et exacte copie de « la nature peut-elle conduire à ce but ? — « Qu'une inscription dans une langue étran- « gère, copiée par un scribe qui ne com- « prend pas et qui a laborieusement imité « les caractères inintelligibles pour lui, est « misérable, gauche et forcée ! C'est ainsi « que certains paysages ne sont que des « copies correctes d'un original écrit dans « une langue étrangère. — L'artiste initié « au secret divin de l'art entend la voix de « la nature qui raconte ses mystères infinis « par les arbres, par les plantes, par les « fleurs, par les eaux et par les montagnes.

2

« Puis vient sur lui, comme l'esprit de Dieu,
« le don de transporter ses sensations dans
« ses ouvrages. Jeune homme ! n'as-tu pas
« éprouvé quelque chose de singulier en
« contemplant les paysages des anciens maî-
« tres ? Sans doute tu n'as pas songé que les
« feuilles de tilleuls, que les pins, les pla-
« tanes, étaient plus conformes à la nature ;
« que le fond était plus vaporeux, les eaux
« plus profondes ; mais l'esprit qui plane
« sur cet ensemble t'élevait dans une sphère
« dont l'éclat t'enivrait. » Or, c'est précisé-
sément cet esprit d'ensemble qui respire
dans les paysages de M. Huet et en fait des
ouvrages tout à fait originaux auprès de tant
d'autres paysages maniérés, superficiels et
factices ; de lui aussi on peut dire en ce
sens qu'il a entendu la voix de la végétation,
et qu'il lui a été donné de comprendre le
génie des lieux.

« Si nous revenons maintenant à la vue
de la plaine et du château d'Arques, qui
nous a suggéré tout ceci, nous y trouverons
une application heureuse de cette faculté
de paysagiste expressif et intelligent. Rien

sur le premier plan, hormis quelques vête-
ments laissés : une blouse, des instruments
de travail, une chèvre couchée auprès; puis
au premier fond, derrière le monticule du
premier plan, une espèce de ravin fourré
d'arbres, et, dessous, quelque paysan qui
sommeille; plus haut, la côte du château,
blanche, nue, calcaire, avec les ruines
sévères qui la couronnent; mais à droite,
cette côte blanche s'amollissant en croupes
verdoyantes, souples, mamelonnées, et au
sommet de l'une de ces croupes, des gé-
nisses qui paissent, et un rayon incertain de
soleil qui tombe et qui joue. A gauche, au
pied de la montée, commence la plaine; le
village est là avec son enclos de verdure et
sa flèche qui domine; on distingue en avant
les sillons des pièces labourées et les plans
potagers des jardins; mais au delà du village
la plaine fuit en s'élargissant; les fermes et
les enclos s'y effacent; la rivière y serpente
comme un filet; le ciel est voilé, bien que
spacieux, et de grands nuages échevelés le
parcourent, venus de l'Océan; partout çà
et là il est crevé en azur, et quelque rayon

effleure par places le lointain de la plaine;
une fumée montante anime le fond et se
détache en tournoyant sur l'uniformité
bleuâtre des horizons redoublés qui se con-
fondent avec le gris plus foncé des nuages.
Oh! c'est bien là, du côté de la Picardie et
près de la mer, cette Normandie grasse et
féconde, ouverte et reposée, sans beaucoup
d'éclat, sans transparence, mais non sans
beauté ni sans grandeur. C'est bien elle
avec ses ruines sévères, son ciel variable,
sa forte terre de labour et sa végétation ni
folâtre ni sombre, mais un peu uniforme
dans sa verdure; c'est bien la plaine d'Arques avec ses souvenirs de Henri IV et de
sa petite armée valeureuse, armée plus
serrée et solide que brillante, sur laquelle
la soie et l'or se voyaient moins que le fer;
héroïque tous les matins à la sueur de son
front, et combattant pour un but lointain,
mais sans perspective trop sereine [1]. »

On comprend qu'après un article aussi

1. Dans *le Globe* du 12 octobre 1830. Cet article a été
réimprimé récemment dans les Portraits contemporains,
précédé d'une note très-sympathique à Paul Huet.

vif et portant aussi juste, dans un journal qui réunissait alors dans sa collaboration l'élite des jeunes talents, Paul Huet pût marcher vers la réputation d'un pas plus rassuré.

Le Salon de 1831 vit son premier succès. Il y avait mis quatre aquarelles et neuf toiles. Il fut du premier coup [1] déclaré par Gustave Planche, « avec M. de la Berge, à la tête d'une nouvelle école de paysagistes, dont les principes et les habitudes ne sont pas encore nettement établis, mais qui doit inévitablement renverser MM. Watelet, Bertin et Bidault... M. Huet veut surtout traduire ses impressions personnelles et intimes. Dans la pensée de l'artiste, la nature extérieure n'est poétique et grande, capable de saisir et d'attacher, qu'à la condition d'être aperçue par masses et par lignes tellement distribuées et coordonnées ensemble, que les unes soient éteintes et sacrifiées, les autres éclatantes et enrichies au profit d'un effet voulu. Il répugne aux

1. Salon de 1831, par M. Gustave Planche. Un vol. in-8, avec bois.

détails ; il néglige à dessein et en vue d'une
intention plus haute ce qui, dans la vie et
dans les spectacles de tous les jours, nous
frappe médiocrement ou ne produit sur nous
qu'un effet mesquin et prosaïque. »

A. Jal, moins indulgent, dans ses *Ébau-
ches critiques*, faisait, sans trop insister,
allusion « au pastiche de Constable et de
Watteau. » Planche aussi faisait ses réserves,
mais pour des toiles de moindre importance
telles que la *Vieille abbaye, au soleil couchant,
située au milieu des bois ;* qu'il traitait « du
plus beau, du plus vrai paysage du Salon. »
Et il ajoutait : « ici l'abus est bien près de
l'usage. ».

Où sont ces *Vues* prises dans le Soisson-
nais et dans la Normandie, qui, avec celles
de Bonington, de Flers, de Cabat, de Dupré,
de Rousseau, nous révélèrent l'admirable
paysage de la France du Nord et les derniers vestiges de notre architecture civile
du Moyen Age et de la Renaissance? Que
sont-ils devenus ces tableaux qui excitaient
l'enthousiasme et les amères négations? car
c'est à partir de ce Salon que Delescluze

commença, dans les *Débats*, contre les meilleurs morceaux de Paul Huet son acharnée et impuissante campagne. Nous signalons plus loin la trace de quelques-uns dans la notice des Salons.

Le *Cavalier* figure au livret de 1831 sous le titre d'un *Orage à la fin du jour*. Il paraphrasait ces vers de Victor Hugo :

Voyageur isolé qui t'éloignes si vite,
De ton chien inquiet le soir accompagné,
Après le jour brûlant quand le repos t'invite,
Où mènes-tu si tard ton cheval résigné?

Certes, le peintre a fidèlement traduit le poëte : le soleil baisse, l'air est lourd, des souffles viennent par ondées secouer la cime des arbres. Le voyageur se courbe sur le col de son cheval et serre les plis de son manteau. Le petit pont franchi, à l'angle de ce grand bois, au bout de la longue plaine marécageuse qu'il côtoie, apercevra-t-il la fumée de l'auberge ou les tuiles rouges de son toit? Arrivera-t-il avant la nuit? au moins avant l'orage? Oui, on se demande tout cela, et le peintre vous entraîne dans le pays qu'il a rèvé. Mais cela est un peu tendu, un peu mélodramatique, l'épisode l'emporte trop. Et là, Huet est encore un romantique de la première heure. Rousseau, Dupré, Corot viendront plus tard, qui, développant le sens précis du conseil donné sous forme de louange par M. Sainte-Beuve dans son article du *Globe*, chasseront l'homme de la représentation des effets ou des sites, ou, pour mieux dire, le noieront comme un atome dans la splendeur rayonnante de la Nature.

En cette même année 1831, le ministre de l'Intérieur, M. de Montalivet, cédant aux réclamations que soulevaient la décadence de l'école de Rome et l'intolérance de l'Institut dans le jugement des concours, publia cet arrêté : « Il sera formé une commission chargée de nous faire un rapport sur les modifications qui pourraient être apportées aux règlements de l'École royale des beaux-arts et de l'Académie de France à Rome; sur le mode de jugement qu'il conviendrait d'adopter pour le concours entre les artistes, et enfin sur les rapports

qui doivent exister entre les deux établisse-
ments susdits et la quatrième classe de
l'Institut. » Les articles 3 et 4 contenaient
la nomination des membres de la commission. L'article 5 était conçu en ces termes :
« La commission entendra toutes les réclamations et recevra tous les mémoires qui
lui seront adressés par les personnes étran-
gères à sa composition. »

Eugène Delacroix (il était de la commission) publia une lettre dans *l'Artiste*, et Paul
Huet envoya également son avis à ce journal,
tout nouvellement fondé par M. Ricourt.

Dans ces « Notes adressées à MM. de la
Commission », Paul Huet se montre violemment hostile à l'École des beaux-arts, à ses
principes, à son influence et en particulier
au prix de Rome : « Le Beau dans l'art
écrit, enseigné, perpétué, invariable, est
un abus qui n'a pas besoin de commen-
taires... Pour obtenir de grands travaux, il
a fallu jusqu'à présent passer par les succès
d'Académie... » Puis il se déclare nettement
pour les expositions annuelles : « Le public,
plus exercé, deviendra meilleur juge du

talent... Là les artistes donnent réellement le résultat de leur savoir-faire en se livrant aux genres auxquels ils se croient appelés... » Il propose « un jury nommé par les artistes ayant déjà exposé. Composé de soixante membres ayant tous plus de trente ans, il désignerait le tableau le plus remarquable, n'importe dans quel genre, dont l'auteur, qui ne devrait pas avoir plus de trente ans, recevrait un prix de 12,000 fr. »

Les notes du jeune paysagiste paraissaient alors de pures utopies. On voit par ce qui se passe aujourd'hui que, depuis 1831, elles ont fait du chemin dans le monde officiel.

En 1832, il signe avec Decamps, Ary Scheffer, Ingres, Gros, Dupré, Barye, David, Cabat, et autres, une pétition au roi dont les considérants sont fort curieux « pour que l'exposition ait lieu du 1er novembre au 1er février, et non plus pendant l'été, où Paris est vide. »

Le Salon de 1833 vit son triomphe le plus complet. Paul Huet reçut une médaille de deuxième classe. Il s'était conquis, par la loyauté de son effort, les sympathies ou

du moins le respect de ses adversaires, sauf
toujours Delescluze, qui fut implacable.
Charles Lenormant [1] signalait et décrivait
la *Vue de la ville de Rouen,* « remplie des
qualités les plus remarquables... Dans ce
tableau M. Huet s'est laissé préoccuper de
la pensée de faire valoir les monuments aux
dépens des habitations particulières; c'est
là l'idée poétique de Rouen; mais ce n'est
pas l'aspect vrai de cette ville quand on se
place de manière à avoir devant soi les
maisons du faubourg Cauchois. Mais ne
ressort-il pas de l'esprit même de la composition que l'artiste n'avait pas prétendu
s'astreindre à « l'aspect vrai... »? Les autres tableaux étaient particulièrement pris
dans les taillis et les hautes futaies de cette
verte forêt de Compiègne à laquelle ne suc-
céda, pour les artistes, que bien plus tard
celle, plus sauvage, de Fontainebleau.

En 1834, à la suite d'un voyage dans le
Midi, il exposa une *Vue générale d'Avignon
et de Villeneuve-lès-Avignon.* Il en a gravé

---

1. Les *Artistes contemporains,* t. II, p. 97. Salon de 1833.

une eau-forte très-cavalière et très-lumi-
neuse pour le *Musée,* critique du Salon
de 1834 par Alexandre Decamps, le frère
du peintre. « La routine ne développe
guère l'intelligence, écrivait A. Decamps, ce
qui explique peut-être pourquoi le paysage
historique est depuis longtemps d'un intérêt
si faible et d'une exécution si défectueuse ;
tandis que l'introduction dans la peinture
d'un sentiment nouveau, d'une nouvelle
manière d'appliquer la palette à l'imitation·
des formes et des effets de la nature, a
ému tous les jeunes talents et les a entraî-
nés dans la voie nouvelle qu'un homme,
jeune comme eux, a ouverte il y a quelques
années. C'est à M. Paul Huet qu'appartient
la première tentative faite dans cette partie
de l'art. C'est lui qui a donné la première
impulsion... Sa *Vue d'Avignon,* ajoutait-il,
est d'une touche un peu molle, surtout
dans les premiers plans ; mais il règne encore dans ce tableau une lumière, une profondeur d'air et d'horizon que nous n'avons
trouvées dans aucun autre paysage à un
semblable degré. » Alexandre Decamps fait

ensuite le plus vif éloge de ses eaux-fortes.

La simplicité voulue des premiers plans, — cette loi d'optique, dont l'application dans l'art du tableau est si logique, puisqu'il est constant que notre œil ne peut voir à la fois les objets à distance et à nos pieds, — est, parmi les conquêtes de l'école romantique, celle que le public et la haute critique ont eu le plus de peine et ont mis le plus de temps à comprendre et à accepter.

Pour suivre Paul Huet dans la série de ses travaux, il nous faudrait passer en revue, tâche impossible, tout ce qui a pris place dans les galeries particulières ou dans les musées de province. Nous avons dû nous borner à signaler ce qui fut remarqué, et nous avons donné très-impartialement la note du jugement de ses contemporains.

Il eut moins à se plaindre que tels autres de ses pairs de la sévérité d'un jury exclusivement composé de membres de l'Institut, veillant jalousement à la porte des expositions publiques. Cependant il fut refusé deux ou trois fois, notamment en 1835 et en 1845. En 1859, exempt de droit, par les conditions du nouveau règlement, il envoya quinze toiles d'un seul coup. Ce fut sa seule vengeance.

L'année 1838 doit nous arrêter. Sa *Grande Marée* lui valut un de ses plus notables succès de peintre auprès du public et de la critique. Il termina sa grande eau-forte des *Sources du Royat*, et l'éditeur Curmer fit paraître un *Paul et Virginie* « illustré » (le mot était nouveau alors) par ses bois les mieux réussis.

Passons rapidement en revue ses lithographies, ses eaux-fortes et ses bois. On en trouvera plus loin le catalogue complet et détaillé.

Curieux de tous les moyens nouveaux, admirateur passionné des lithographies de Géricault, de Charlet, de Bonington, de Delacroix, Huet avait tenté, dès 1825, de dessiner sur pierre. Il croqua sur des feuilles en largeur des séries très-variées de caprices, de paysages, de marines, de petits personnages ; cela s'appelait des *Macédoines*. Elles parurent en même temps (1827) à Paris et à Londres. On y trouve, à l'état embryonnaire, plusieurs des compositions

qu'il peignit depuis. Surtout des souvenirs
de ses courses en Normandie et en Picardie.

Cette même année, pour les mêmes éditeurs, une autre suite de douze *Paysages*
en largeur fut imprimée par l'excellent
lithographe Motte, avec un velouté dans
les noirs, une finesse dans les demi-teintes,
un éclat dans les coups de jour qu'on n'a
point dépassés. Ce sont de vrais chefs-
d'œuvre. — Dans les *Huit sujets de paysage*
qui eurent pour éditeurs les frères Gihaut,
la liberté du crayon, l'habileté du grattoir
qui accentue les lumières, la largeur de
l'effet décoratif dans un espace très-res-
treint, rappellent Bonington [1] et sont d'es-
sence plus française. — En revanche, les
Six marines lithographiées d'après nature, en
en 1832 sont plus nettes mais d'une exécution moins originale. Huet a toujours
eu avantage à se rappeler. L'étude directe
de la nature le gênait visiblement, de même
que tous les romantiques, qui n'interro-
geaient pas en greffiers, mais en poëtes.

1. Il l'avait connu à l'atelier Gros. Il l'accompagna, l'année de sa mort, jusqu'à Rouen.

Huet, nous l'avons dit, avait exposé quelques eaux-fortes en 1834. Elles étaient détachées d'un cahier de six planches mis en vente chez Rittner et Goupil et de dimensions adoptées rarement par les aquafortistes, même les plus habiles. Elles tiennent une place importante dans l'œuvre de Paul Huet. Elles indiquent avec quelle ardeur, avec quelle application, avec quelle intelligence aussi l'esprit romantique poussait ses fidèles à tenter toutes les voies. Depuis bien longtemps, depuis les dernières années de vie artiste au xviiie siècle, l'eau-forte avait été abandonnée en France. L'école de David n'y pouvait songer. Vers 1820, toute tradition du procédé était perdue, et Eugène Delacroix m'a écrit un jour que c'était un graveur anglais établi à Paris vers 1825, Reynolds, qui lui avait enseigné à faire mordre les rares essais sur cuivre qu'il tenta.

L'entreprise était donc à son temps originale et hardie. Le succès fut complet. Après quelques essais, qui ne sont même pas sans valeur, il s'arrêta à un système de coups de

pointe menus, rapprochés, donnant, selon
la force de la morsure, des noirs très-
intenses ou des gris très-tenaces, et ren-
forcés de travaux de roulette. Ses oppo-
sitions de lumière sont franches, bien ca-
ractérisées et d'une vibration singulière. On
sent circuler la séve ; les gazons, chargés
de fleurettes, renouvelleraient le conte de
« l'homme qui entendait l'herbe pousser. »
Pour ma part, je ne vois, dans l'école moderne, d'eaux-fortes qui puissent se comparer à celles-ci pour l'accentuation de l'effet,
l'élégance du jet des branches, le modelé
accidenté des troncs, la poésie aristocrati-
que du site, que celles de l'œuvre de
M. Francis Seymour Haden, le brillant aqua-
fortiste anglais. Mais celles de Huet sont
plus théâtrales.

Ce cahier causa une vive surprise. On
en parla beaucoup. Mais l'article le plus
important fut provoqué, en 1838, par les
Sources de Royat. Gustave Planche consacra
à cette eau-forte, qui a plus d'un demi-mètre
de hauteur, un article spécial dans la *Revue
des Deux Mondes* (1er février 1838). L'eau,

qui bondit, se brise, écume à travers les
rochers en pente roide, le terrain mouillé,
les maisons qui s'étagent, le ciel surtout léger malgré le ton monté qu'exigeait le rendu
des objets opaques, tout est vraiment sur-
prenant dans cette planche, qui chez nous
n'avait pas de précédents. Cet exemple ne
demeura pas stérile. Jeanron, Marvy, Charles Jacque, Daubigny, s'intéressèrent au procédé et le poussèrent aussi loin que possible.
Daubigny m'a dit qu'il avait composé et
gravé les *Approches de l'Orage*, l'une de ses
meilleures eaux-fortes, sous l'influence de
celles de Paul Huet.

Les dessins sur bois que Paul Huet a
semés dans le *Paul et Virginie* édité par
L. Curmer en 1838, ne sont pas moins
remarquables que ses eaux-fortes. Découpés,
collés sur une marge blanche, ils forment
des petits tableaux d'une coloration auda-
cieuse et réellement forte. Paul Huet n'in-
tervient que dans la seconde moitié de ce
curieux volume. On l'appela pour seconder
L. Marville et Français, qui préparaient les
paysages dans lesquels les frères Johannot

intercalaient d'assez mièvres figurines. Huet s'assura de suite une place indépendante. Il choisit les marines. *L'Ouragan, le Rocher des adieux, la Mer*, avec un vol de mouettes dont les ailes décrivent sur les nuages sombres de grands paraphes clairs, un *Vaisseau* qui marche au soleil levant toutes voiles dehors, l'Océan déferlant avec rage contre la base de ce *Cap malheureux* que le Saint-Géran n'avait pu doubler la veille de son naufrage, ces motifs, dans lesquels l'action ou le pathétique étaient scrupuleusement puisés dans la nature pour marcher de pair avec le texte de Bernardin de Saint-Pierre, sont des merveilles d'effet, de bruit, de mouvement. Huet, dont la touche a souvent été flottante, était tout à fait net dans ses dessins sur bois ; aussi les bons graveurs l'ont-ils étonnamment bien traduit.

Dans *la Chaumière indienne*, Paul Huet n'a qu'une dizaine de bois, Meissonier s'étant réservé avec Steinheil et Français la presque totalité de l'illustration. Un de ces dessins est un chef-d'œuvre d'énergie et de vérité pittoresque ; c'est une allée de bam-

bous battue par le typhon : les eaux du
Gange sortent de leur lit et heurtent les
troncs noueux, l'avenue ondoie, se tord, se
renverse, se relève en gémissant. La scène
ainsi comprise est du plus haut dramatique,
quoique l'élément pittoresque soit seul en
jeu et que l'homme n'y promène pas ses
misères.

Huet fut décoré le 22 juin 1841. La Ré-
volution de février et les événements qui lui
succédèrent n'altérèrent point son respec-
tueux dévouement pour la famille d'Orléans.
Il avait été accueilli avec une familiarité
très-touchante par le duc de Montpensier
et il avait été nommé professeur de dessin
de la duchesse d'Orléans ; mais c'était sans
que cela coutât rien à ses principes, qui
étaient d'une indépendance absolue. David
d'Angers a modelé son médaillon. Les hautes
amitiés qui l'ont suivi jusqu'au dernier jour,
qui ont pris avec émotion la parole ou la
plume à propos de sa mort, font foi de la
dignité de ses convictions.

En 1840, Huet avait fait un voyage en
Italie. Il y retourna plusieurs fois. Il alla à

Rome, à Florence. Il s'établit même à Nice pendant plusieurs hivers pour rétablir sa santé plutôt mal équilibrée que faible. On voit dans cette exposition-ci les plus typiques des études à l'aquarelle ou à la plume qu'il fit dans ces différentes stations. Elles sont d'un beau caractère, mais, selon moi, elles n'ajoutent rien à l'âme de son œuvre. Il était par la rêverie agissante, par l'amour du brouillard et des longs crépuscules, par l'attrait qu'offrait à son caractère un peu sauvage le spectacle de la nature troublée, il était essentiellement un homme du Nord.

Ce sont les plages et les falaises de la Normandie, les côtes granitiques de la Bretagne, les vallées de Paris ou de Rouen, — immenses berceaux au fond desquels, Gargantuas toujours en croissance, les villes vivent, travaillent, pensent et digèrent, — ce sont les cratères éteints de l'Auvergne, les gaves roulant dans les vallées des Pyrénées, les hauteurs couronnées par des châteaux en ruines qui répondirent le mieux à son génie. Son regard allait au delà de la portée de la vue. Il aimait les vues panoramiques

où l'horizon se joint au ciel, et les éboule-
ments qui redisent les convulsions primiti-
ves du monde.

Ses voyages en Hollande, sur les canaux,
le long des dunes de la mer du Nord, le
charmèrent, mais le servirent peu. Il ne vi-
sita l'Angleterre que vers la fin de sa vie,
en 1862. Il n'eut le temps d'en rien tirer.

Au Salon de 1848, il obtint une médaille
de première classe. Il en reçut une aussi à
la suite de l'Exposition universelle de 1855.
L'Inondation de Saint-Cloud, un des meilleurs tableaux de tout son œuvre, et qui
heureusement fut acquis pour le musée du
Luxembourg, frappa vivement le jury.

Eugène Delacroix, qui était d'une poli-
tesse raffinée, mais peu louangeur, lui écrivait ce billet, le 21 avril : « Mon cher ami,
je crois vous faire quelque plaisir en vous
parlant de celui que m'ont fait vos tableaux
à l'Exposition. Votre grande Inondation est
un chef-d'œuvre. Elle pulvérise la recherche
des petits effets à la mode, votre Rivière
fait également fort bien, et ils sont tous les
trois placés de manière à ce qu'ils se don-

nent une vigueur mutuelle. J'espère que vous serez content de ce que tout le monde vous en dira ; car mon jugement est celui que j'ai entendu porter par tous ceux qui vous ont vu. » Delacroix avait fait placer parmi ses propres œuvres un des paysages de Paul Huet. Il soutint cet honneur écrasant.

M. Théophile Gautier, dont les jugements revêtent d'une forme si ample un sens critique si parfait, a dit excellemment de Huet, à propos de ses envois à cette Exposition universelle. « Sa manière se rapproche un peu des décorations d'opéra par la largeur des masses, la profondeur de la perspective et la magie de la lumière. »

Th. Thoré (Bürger), qui a tant aidé l'école moderne pendant sa période d'enfantement, de lutte et de gloire, a marqué aussi dans ses anciens Salons de la sympathie pour Paul Huet. Et Charles Baudelaire a écrit dans son *Salon de 1859*, récemment réimprimé : « Çà et là, de loin en loin, apparaît un talent libre et grand qui n'est plus dans le goût du siècle, M. Paul Huet, par exemple, un *Vieux de la Vieille*, celui-là ! (Je puis appliquer aux débris d'une grandeur militante comme le *Romantisme*, déjà si lointain, cette expression familière et grandiose. »

Il a manqué à Paul Huet, ainsi qu'à presque tous les peintres qui suivirent les mêmes voies personnelles que lui, l'occasion d'élargir et d'épurer ses facultés natives par le mâle effort de la peinture décorative. C'était par là que ces maîtres mouvementés, pleins d'imagination, atteignant par le sentiment et par la science des colorations le style qu'une autre école cherchait exclusivement dans la silhouette et la forme, c'est par là que Decamps, Th. Rousseau, Corot, Dupré, Huet, auraient pu doter la France d'œuvres autrement viables que ne le sont leurs tableaux de chevalet. Tous sortaient de chez des maîtres qui leur avaient fait suivre des études d'après la nature humaine. Ils joignaient à cette éducation,—qu'on leur a si longtemps niée en ne s'attachant qu'à dénigrer leurs œuvres de lutte, — ce sincère amour de la nature qui fait l'originalité et la variété. L'école de peinture de 1830 n'a pas pu donner ce que donnait de son côté l'école littéraire. C'est, à en juger par l'infériorité du mouvement soi-disant réaliste qui lui a succédé, et qui flotte aujourd'hui sans pilote et sans but, un malheur irréparable.

En l'absence du gouvernement, dont l'action en ces matières fut trop souvent paralysée par l'Institut, les municipalités, les compagnies et les particuliers auraient dû prendre l'initiative des décorations sur place. Ainsi firent les seigneurs et les marchands dans les républiques italiennes, et l'on sait l'honneur qui a rejailli sur leurs noms pour s'être montrés les Mécènes des grands artistes de leur temps.

Un modeste fabricant de la Normandie, M. Lenormant, demanda, en 1858, à Paul Huet, toute la décoration d'un salon. Huit grands panneaux, strictement combinés pour la place qu'ils devaient occuper et la lumière qu'ils devaient recevoir, ont prouvé combien le talent de Paul Huet se sentait à l'aise dans un mode de peinture où la largeur de la conception et la franchise de l'exécution doivent primer. Ils ont pour titres *les Fabriques, le Vieux Château féodal, les Herbages, le Gué et la Chaumière, le Ruisseau, la Rentrée au port, la Cathédrale* et *la Vie de château.* On voit combien les thèmes sont variés. Les sites choisis sont exquis; mais ce qui aussi est frappant, c'est le goût et la facilité avec lesquels sont dessinés les personnages. Paul Huet n'avait point perdu le sens de ses études à l'atelier de Guérin et de Gros. Une fois il faillit même sacrifier à l'Académie! Un de ses tableaux, composé dans le goût des derniers Turner, a pour titre *les Rives fortunées,* et offre au premier plan une scène mythologique. Ce n'est pas ce qu'il a fait de meilleur. A plusieurs Salons, du reste, il envoya des études de paysans, mais en dessin.

Paul Huet eut un certain nombre de tableaux achetés par l'État. Ils sont cachés un peu partout, dans les musées de province, dans les châteaux impériaux, dans les salons de réception des ministères. Le Luxembourg n'expose de lui que *l'Inondation dans le parc de Saint-Cloud.* Nous avons vu dans ce musée, pendant de longues années, une

Lisière de forêt, dont les masses imposantes et les colorations énergiques accusaient la période caractéristique de sa première manière.

Aujourd'hui, si des règlements n'y avaient mis obstacle, le Louvre posséderait le chef-d'œuvre des paysages de Paul Huet, tableau modifié et repeint en 1862 sous ce titre : *Fraîcheur des bois.* Un ruisseau court à travers les mousses veloutées et les cailloux polis d'une clairière. C'est solennel et doux comme l'entrée d'un bois sacré, jamais le maître n'a mieux senti, n'a mieux fait sentir l'âme de la forêt. Il l'avait légué à l'État. L'État l'a refusé par ce qu'il ne veut point accepter avec l'obligation d'exposer. Cependant pourquoi ne point accorder de garanties au donateur? Pourquoi ne pas s'humaniser devant des morceaux hors ligne? Notre Luxembourg, notre Louvre sont-ils donc si riches en œuvres d'élite contemporaines?

A partir d'une certaine époque les acquisitions cessèrent. A l'Exposition universelle de 1867, on lui fit la cruelle injustice de n'accrocher que la moitié des tableaux qu'on

lui avait demandés. Les artistes étrangers
furent plus courtois que notre administra-
tion française, et votèrent au vieil et cou-
rageux combattant une première médaille.

Paul Huet, ainsi que presque tous les
artistes de sa génération, était lettré, liseur,
curieux des choses d'intelligence. Les artistes
vivaient alors en plus étroite familiarité avec
les hommes de lettres. Il était lié avec le
lycanthrope Pétrus Borel, et a dessiné sur
bois une vignette pour sa traduction du *Robinson Crusoé*. Il a donné aussi deux bois
très-romantiques pour l'édition originale de
l'*Isabel de Bavière*, d'Alexandre Dumas.

Il a donné au journal la *Caricature* en 1832
une de ses pages les plus énergiquement
sinistres, un cimetière politique. Les hommes d'esprit, de cœur et de talent savaient
alors se serrer les coudes.

Paul Huet a écrit des lettres charmantes.
M. Ernest Chesneau en a cité quelques-
unes adressées à un vieil ami [1]. J'en détache ces traits d'une mélancolie pénétrante :

[1]. Dans le *Constitutionnel* des 2 et 10 février 1869,
à la suite d'un article nécrologique et critique très-cordial

« ... Ne pouvoir plus mettre sur la toile
(16 septembre 1859) les quelques pensées
que j'ai encore vives et claires dans le cer-
veau : j'ai peine à m'habituer à cette idée.
Deux années de souffrance m'ont rendu
bien timide et craintif, et outre le besoin
que j'aurais de travailler pour les miens, ce
ce n'est pas là tout à fait vivre pour un
artiste. Ne vous étonnez donc pas si quelquefois déjà je vous ai écrit des phrases décou-
ragées... Vous me parlez de la gloire en
noble et bon langage. Vous devriez me
dire votre opinion sur cette divinité dou-
teuse que j'aime tant, *inglorius* que je suis
et surtout ne sachant pas ce qu'elle est.
Vous me mépriseriez moins peut-être ou
plutôt vous auriez plus d'indulgence pour
mes gémissements inutiles, si je vous disais
qu'en mon âme et conscience, la vraie gloire
n'est pas tant le bruit que l'expansion la
plus complète de la pensée et de la satis-
faction de soi-même... Songez combien il y
a longtemps que je lutte et si personne a

et très-bien jugé. M. René-Paul Huet, fils du maître et
peintre lui-même, compte les publier toutes un jour.

mis plus d'obstination que moi dans cette vie de bouchon de liége toujours renfoncé et toujours à la surface... »

Et plus loin (mars 1863) ces traits mordants : « Oui j'ai envoyé mes toiles, peintures barbares et grossières, à côté des jolies choses qu'on nous donne aujourd'hui. Au moment de se lancer dans cette aventure d'une Exposition, on hésite comme le plongeur qui se jette à l'eau. Nous avons en peinture des gens d'une habileté pratique singulière. C'est fort joli et très-laid, mais effrayant de propreté. En allant me placer auprès de ces toiles si vaporeuses et si tendres, je me sens comme un homme crotté dans le salon d'une duchesse. On peint aujourd'hui comme Mme Guyon écrivait, mais pour dire moins encore. Le pinceau a un moelleux et un fini qui donne aux sujets les plus légers, aux portraits les plus engageants, quelque chose de vaporeux, de tendre et de mystique qui permet à toutes les peintures d'entrer dans les plus discrets boudoirs, de se placer entre un crucifix et les bréviaires les plus légers. C'est l'époque, et pour réussir il faut en être. — Je me console en ayant quelquefois Caton pour moi contre les Dieux du jour... »

Voici encore un trait bien lancé à propos de l'exposition posthume de l'œuvre d'Eugène Delacroix (février 1864) : « L'exposition est magnifique, et l'on commence à proclamer hautement que Delacroix est un grand dessinateur. Les imbéciles ont attendu pour cela l'exhibition d'une copie d'après Raphael, excellente en effet. Pour comprendre que cet homme est un génie supérieur, il a fallu tenir en main la preuve qu'il était capable de faire un *devoir de troisième*... La séduction de l'exposition des dessins est irrésistible. Il faut que les plus rebelles admirent cette flexibilité de talent qui passe de la grâce la plus charmante, de l'exécution la plus adroite, à la grandeur du style, au nerveux de l'exécution, à la beauté sublime du caractère et de la forme... »

Paul Huet a laissé quelques cahiers de notes que son fils, M. Réné-Paul Huet se propose de réunir en volume. Il m'a permis d'y puiser. Voici trois fragments caractéristiques.

« ... Toute dénomination d'école est fâcheuse quand elle n'est pas simplement absurde. C'est un drapeau de guerre civile qui sert au moment du combat, et qui perd sa signification lorsque le feu cesse. Souvent on ne s'est pas bien entendu sur ce qu'il voulait dire même pendant l'action. »

« ...L'école Casimir Delavigne semble avoir trouvé et introduit le mot *bon sens*. Le mot *bon sens* est un mot qui plaît tout d'abord. Malheureusement, c'est souvent un passeport de l'impuissance près de la médiocrité. On remplace volontiers l'audace, l'imagination, la couleur, l'invention, le caractère, la fougue ou la force par le *bon sens*. Tout le monde l'aime et en veut avoir. Les vrais maîtres en ont toujours, seulement ce n'est pas le *bon sens* de tout le monde. »

« ... Comme les belles mélodies, la nature, en effet, entraîne l'imagination dans l'infini. Suivant les dispositions de notre âme, elle nous charme ou nous terrifie, nous console ou nous attriste. Elle nous fait assister à ses drames comme à ses fêtes, et c'est avec raison que les poëtes ont comparé sa grande

harmonie à celle d'un immense et divin cla-
vier... »

M. Michelet n'avait-il pas raison d'écrire,
au lendemain de la mort de son vieil ami :
« c'était plus qu'un pinceau. C'était une
âme, un charmant esprit, un cœur tendre
et beaucoup trop. Hélas! »

Malgré ses succès incontestés aux derniers Salons, à la surprise générale, il ne
put passer officier dans la Légion d'honneur. « Je n'ai jamais su faire mes affaires,
écrivait-il à un ami, et je n'apprendrai guère
aujourd'hui. Une fierté maladroite, un mouvement de timidité un peu orgueilleuse
(l'orgueil, vous le savez, marche derrière la
timidité) a indisposé contre moi une des
rares influences qui me veulent quelque
bien, et j'ai su, d'un homme bienveillant,
me faire un ennemi que je sens d'une façon
indéfinissable, comme certain air qu'on ne
touche pas. Je ne puis aujourd'hui que de-
mander un peu de calme et de santé pour
mettre à profit les dernières années qui me
restent, et ne point souffrir d'une persécu-
tion qui se fait sentir dans les petites occa-

sions. Ce qu'il faut surtout, c'est la santé, le bonheur de ceux qui nous entourent. »

Cette santé qu'il désirait pour lui et pour les siens, il ne la reconquit jamais complément. Je n'ai vu Paul Huet que depuis une dizaine d'années. De taille moyenne, un peu voûté, le visage couperosé s'enlevant en vigueur sur une barbe très-blanche, il paraissait fatigué avant l'âge, et toute son énergie était dans l'éclat de ses yeux fins, hardis et timides à la fois. Auguste Préault a mis sur sa pierre tombale un médaillon saisissant de passion.

Rien ne faisait prévoir l'imminence du coup qui l'enleva brutalement à ses amis et à sa famille. Il tomba, le 9 janvier 1869, foudroyé par une attaque d'apoplexie. Le matin même il avait travaillé au ciel du tableau qui couronne si dignement sa carrière de peintre.

Paul Huet restera par ses œuvres. Il marquera surtout dans l'histoire de l'art de notre époque par la part qu'il a prise aux premiers mouvements de la Renaissance romantique.

Il entrevit, alors qu'on ne peignait plus, que le propre d'un peintre est de savoir peindre.

Il est le premier en date de nos paysagistes lyriques. Il y avait en lui plus du précurseur que du révolutionnaire. Par les épisodes qu'il introduisait dans ses compositions, par la tendance à l'effet, il s'est montré plus littéraire que hardiment paysagiste. Il a parfois plutôt cherché des sujets de composition qu'il ne s'est abandonné à la grandeur, à l'autorité du spectacle. Mais il a été à son moment audacieux, sincère toujours, souvent grand.

La maladie a souvent trahi ses forces, mais n'a jamais abattu son courage. Il a toujours été sur la brèche des expositions, alors qu'absent il ne pouvait soutenir en personne ses intérêts et que, dans ces dernières années surtout, un injuste silence se faisait autour de ses œuvres. On peut le surprendre parfois fatigué et absorbé, mais on n'oubliera pas que les puissantes frondaisons de l'école contemporaine ont poussé dans le sol qu'avait déblayé et labouré Paul Huet.

LES EAUX-FORTES

Outre leur valeur d'art particulière, les eaux-fortes de Paul Huet offrent un vif intérêt par la date à laquelle les premières ont été mordues. L'eau-forte, procédé vif, coloré, alerte, permettant à l'artiste d'inciser sa pensée avec plus d'énergie qu'il ne le peut sur la pierre lithographique, aurait dû tenter un plus grand nombre des maîtres de la pléiade romantique. Je n'en connais qu'une seule de Bonington, quelques-unes d'Eugène Delacroix et de Decamps, une d'Ary Scheffer... Sans doute la difficulté du procédé les arrêta. Ils ne mirent guère sur le cuivre que des croquis plus ou moins rapides. Ils ne demandèrent pas à l'attaque de la pointe sur le vernis, à la morsure, aux remorsures, aux retouches avec la pointe sèche toutes les ressources de noirs différents et de gris que réserve l'emploi successif de ces moyens techniques.

Paul Huet seul s'acharna. Il ne recula pas devant des cuivres de dimensions considérables; il ne se rebuta pas devant les ennuis que ne surmontent généralement point les peintres, alors que les premiers essais ou les premiers états n'ont pas rendu exactement ce qu'ils avaient rêvé. Ce qui est surtout remarquable, c'est que Paul Huet, lorsqu'il connut à fond le métier, ne refroidit cependant point son travail; il lui, conserva toujours cette allure pittoresque, savamment abandonnée, qui est la marque des bonnes eaux-fortes de peintres.

Un de ses premiers essais assurément est un léger croquis à l'eau-forte pure, un « Chemin en Normandie[1], » qui débouche sur une vallée; à gauche s'élèvent trois

1. Ici, comme pour les lithographies et les bois, j'imprime entre guillemets les titres qui ne figurent pas sur la pièce, et en italique ceux qu'on lit dans la marge.

arbres frêles et extrèmement hauts ; le ciel est traité largement, mais on sent une main plus habituée au maniement de la plume qu'à celui de la pointe. (H. o^m,11. L. o^m,6.)

Peut-être la copie, d'après Israel Silvestre ou Pérelle, d'un « Château de Versailles sous Louis XIII » a-t-elle précédé? Au milieu d'une vaste allée traversant un jardin à la française, et menant jusqu'au château dont le pavillon central est couvert d'un dôme, se promènent des seigneurs et des dames. Les bonshommes sont pauvrement dessinés et il n'y a aucun effet. Cela a dû paraître dans quelque journal ou en tête de quelque livre. (L. o^m,16. H. o^m,11.)

Au contraire, une réduction du « Paysage aux trois arbres, » de Rembrandt, indique que Paul Huet savait alors dessiner avec certitude et pousser au bout l'effet cherché. Cette copie, venue, à l'impression, en sens inverse de l'original, est faite sur la marge inférieure d'un grand cuivre. (L. o^m,10, H. o^m,07.)

Je place encore dans les premières une petite eau-forte pure, représentant une

« Cour de ferme en Picardie. » Les toits descendent presque jusqu'à terre ; à gauche, derrière la maison, il y a un grand arbre et, au premier plan, une mare. Le tout est gravé d'une pointe très-fine, sans maigreur cependant. Dans une épreuve d'essai, le ciel est plus marqué que dans l'état définitif. (L. 0^m,14, H. 0^m,09.)

M. René-Paul Huet a désigné comme datant de 1830 une jolie pièce, un peu plus accentuée que la précédente, une « Saulée dans les environs de Paris. » A droite, une claire rivière avec des saules en pleine lumière, au milieu un chemin qui longe un petit bois. Mais, à gauche, n'est-ce pas plutôt un vaste marais qu'une prairie? — Le cuivre existe encore et donne de bonnes épreuves, mais moins délicates. (L. 0^m,23. H. 0^m,12.)

La « Maison du garde, forêt de Compiègne, » celle-là même qui orne cette *Notice,* est plus caractéristique de la manière ordinaire de Paul Huet. L'effet est plus poussé. J'en possède une épreuve d'essai avec les marges non nettoyées (H. 0^m,18,

L. o^m,13.) Le cuivre existe, mais les marges ont été réduites presque jusqu'au bord de la composition.

On trouve, dans le *Musée* d'Alexandre Decamps (1834), au milieu d'eaux-fortes par Decamps, Delacroix, Célestin Nanteuil, Cabat, Barye et autres, une *Vue générale d'Avignon*. C'est la reproduction du tableau que Huet avait au Salon de cette année. La vue est prise d'un endroit élevé, et l'œil, après avoir franchi des toits à tuiles en canaux, rencontre le fleuve, et, au delà, la ville, la campagne et des montagnes à l'horizon. (L. o^m,26. H. o^m,18.) Les amateurs doivent se tenir en garde contre un report sur pierre très-trompeur qui en fut fait par le procédé Delaunois, et qui accompagne les exemplaires courants.

La série capitale de l'œuvre de Huet parut l'année suivante. *Six Eaux-fortes, par P. Huet. Publié par Rittner et Goupil, boulevard Montmartre, 15. 1835.* Toutes les pièces sont en largeur. Pour titre, et se répétant sur une couverture café au lait, un jeune garçon aux longs cheveux bouclés, en manches de chemise, étendu sur un tertre, feuillète distraitement un album ; un levrier noir tourne sa tête vers lui. De l'ombre, un peu d'eau, une longue allée qui s'enfonce sous les arbres. Lapins, héron qui s'envole, écureuil qui g ̃ ̃e une noisette, oiseaux qui s'égosillent. Tout au fond, cerfs sur des rochers. C'est l'idéal du parc romantique. Il existe, de cette belle et fine planche, une épreuve d'eau-forte pure, avant la mise à l'effet à l'aide de la roulette.

Nᵒ 1. « Le Héron ». Il guette des grenouilles dans un cours d'eau qui fuit sous des arbres énormes ; à gauche, un ours en embuscade. — De cette planche et des suivantes, il existe une suite d'épreuves avant le numéro. — Nᵒ 2 « l'Inondation », souvenir de l'île Séguin ou du parc de Saint-Cloud. La nature est encore en tourmente ; une large ondée tombe comme un rideau gris, tandis que le soleil qui a percé les nuages frappe le pied d'un magnifique bouquet de hêtres. — Nᵒ 3. « La Maison du Garde » sur le bord d'une forêt. C'est la reproduction, à peine modifiée dans la disposition générale, mais bien plus nerveuse, d'un grand tableau qu'il avait peint en 1826. — N° 4. « Les Deux Chaumières » au pied d'un bouquet, sur un tertre. L'une est vue de pignon, l'autre de profil fuyant ; sur le premier plan, des canards s'ébattent dans une mare. — Il existe des épreuves d'essai de l'eau-forte pure avant la mise à l'effet avec la roulette qui a alourdi l'ensemble. — N° 5. « Le Braconnier ». Il est à l'affût sur le tronc d'un énorme saule pleureur qui surplombe une rivière aux bords boisés. — N° 6. « Un Pont en Auvergne ». Il enjambe un torrent, dans un pays boisé et rocheux qui rappelle Royat et ses environs.

Cette suite est généralement signée et datée dans l'angle supérieur : *Paul Huet, 1833* ou *1834.* Les belles épreuves portent le timbre sec de la maison Rittner et Goupil. Les cuivres existent encore, mais fatigués.

Vraisemblablement, Paul Huet préméditait la publication d'un second cahier. Les quelques grandes planches dont son fils possède les cuivres, et dont il vient de mettre en vente un tirage, en font foi. Le *Château des Papes, à Avignon* est daté 1834. Cette vue du Château des Papes est prise d'une terrasse extérieure aujourd'hui nivelée et bâtie. Elle est d'une très-fière allure. — Il en existe des épreuves avant les contretailles sur les terrains. (L. 0^m,31, H. 0^m, 22.)

Je trouve encore, gravée vers cette même époque, une « Vue générale de Rouen, » sous un ciel très-lumineux, dans lequel courent de grandes vapeurs blanches. — (L. 0^m,18. H. 0^m,15.)

Un « Orage au Mont-Dore » est un essai de gravure à la manière noire qui rappelle les gravures d'après Martinn. Un grand éclair illumine les nuages qui roulent lourde-, ment sur la cime des montagnes. (L, 0^m,20. H. 0^m,15.)

La « Grande Marée d'équinoxe, » qui bat furieusement une jetée sur les côtes d'Honfleur, avec des falaises basses mourant à l'horizon dans la brume, répète un tableau du Salon de 1838, et parut dans un journal de Rouen dont j'ignore le titre. C'est une des plus franches eaux-fortes de Huet, et, ainsi qu'il arrive d'ordinaire, les belles épreuves en sont fort rares. Celles-ci sont avant les contre-tailles à la pointe sèche dans les parties claires du ciel au-dessus des arbres. Le cuivre existe. (L. 0^m,18. H. 0^m,13.)

Le grand succès de Huet lui vint, nous l'avons dit plus haut, par ses *Sources de Royat*. Les dimensions insolites du cuivre (H. 0^m,55. L. 0^m,45) sont faites pour surprendre. Huet a extraordinairement bien rendu la course désordonnée de l'eau à travers les blocs de basalte, sa limpidité, son bruit. Les terrains, les arbres, le ciel, tout est d'accord. C'est un noble et brillant paysage. Il mérite de rester. — Les belles épreuves anciennes furent imprimées chez Bertault et portent dans un timbre sec ovale le nom de *Huet*. Il en existe avant toute lettre et généralement elles sont sur chine. Le cuivre existe encore.

Le « Fourré, » ou ainsi que M. Réné-Paul Huet l'a désigné, « l'Entrée de forêt » (1838), est une robuste étude de chênes centenaires. A droite, par-dessus les cimes, on plonge sur une vallée. Les braconniers qui

débouchent ont trop d'importance et rappellent les faux pauvres de Charlet. — Huet a
gâté cette planche en la mettant à l'effet
avec la roulette. Il faut l'avoir en eau-forte
pure. (L. 0^m,32. H. 0^m,24.)

La « Vue de Spolète, » nid d'aigle féodal
sur un massif abrupt, a subi aussi des retouches générales. (L. 0^m,26. H. 0^m,17.)

Heureusement, les « Rochers sur la route
de Nice, » avec des paysans gardant un troupeau de chèvres, ont conservé intacte la vi-
vacité de l'eau-forte. (L. 0^m,20. H. 0^m,15.)

Le « Ruisseau de Saint-Pierre, » près de
Pierrefonds, qui sort d'une forêt opaque,
devait aussi faire partie d'un second cahier
digne du premier, et d'un dessin plus ferme.
(L. 0^m,33, H. 0^m,23.) — Les « Vaux de Cernay » rendent très-exactement, et dans le
sens le plus poétique, ce coin si exquis et
si peu connu des environs de Paris, où l'on
rencontre en une demi-heure une réduction
de la forêt de Fontainebleau, ses fourrés
ses grands arbres, ses rochers couleur gris
de perle, et — ce qui lui manque — un ruisseau débouchant dans une vallée verdoyante.

(L. 0^m,21, H. 0^m,15). — La « Chaumière normande » était encore pour le second cahier. On voit à droite, sur un monticule, les ruines du château d'Arques. (L. 0^m,34. H. 0^m,34.)

On trouvera dans le second tome des *Beaux-Arts*, édités par L. Curmer (1843), un beau paysage composé, *le Midi;* une baigneuse nue, sur la rive d'un lac ombreux, forme l'épisode principal. Il y a eu au moins trois états avant divers travaux sur le corps de la nymphe ou sur les arbres formant arcade. (L. 0^m,30. H. 0^m,23). — Dans le *Bulletin de l'Ami des Arts,* publié par J. Techener, un chevreuil sous bois venant boire à un ruisseau. Le titre est : *un Croquis* (1844). Les épreuves d'essai, avec le chevreuil presque blanc, sont exquises. (H. 0^m,18, L. 0^m,15.)

De 1865 à 1868, Paul Huet a gravé les pièces suivantes que je ne décrirai pas en détail, tout le monde pouvant s'en procurer facilement des épreuves : « Chaumières de l'ancien Trouville, » longées par un chemin où passent des vaches. — « Cour normande dans la vallée d'Auge, » verger luxuriant pris dans une ceinture de grands ormes. — « Vieilles Maisons sur l'ancien port de Honfleur » (épreuves d'essai avec les maisons à gauche d'un ton beaucoup plus léger). — *Près de Fontainebleau*, lisière de forêt, publié par la *Société des Aquafortistes* (premiers états avec les fonds très-gris·. — *Vue prise dans le bois de La Haye*, d'après son tableau du Salon de 1866, publié dans la *Gazette des Beaux-Arts*, t. XXIII. — « Soirée d'été, les Baigneuses, » d'après son tableau exposé au Salon de 1867 (il y a eu plusieurs états successifs). — « Le Cavalier, » d'après un tableau de 1831, qui avait pour titre un *Orage à la fin du jour*. C'est la dernière planche qu'ait gravée Paul Huet.

M. René-Paul Huet a fait exécuter récemment un tirage des cuivres de son père. L'album est en vente chez les éditeurs Goupil et Cie. En voici le détail :

Maison de garde à Compiègne.

Saulée, environs de Paris.

Le Château des Papes, à Avignon.

Orage au Mont-Dore, Auvergne (manière noire).

Vue générale de Rouen.

La Marée d'équinoxe à Honfleur, d'après le tableau exposé au Salon de 1838.

Vue de Spolète, Italie (manière noire).

Rochers près de Nice, route de la corniche.

Ruisseau de Saint-Pierre, près Pierrefonds.

Les Vaux de Cernay.

Entrée de forêt.

Chaumière normande, ruines du château d'Arques dans le fond.

Chaumière de l'ancien Trouville.

Une Cour normande dans la vallée d'Auge.

Vieilles maisons sur l'ancien port de Honfleur.

Soirée d'été, les Baigneuses, d'après le tableau exposé au Salon de 1867.

Le Cavalier, d'après le tableau exposé au Salon de 1831.

Elles se vendent réunies dans un carton spécial, mais non divisées.

LES LITHOGRAPHIES

Ainsi que je l'ai dit, les premières lithographies de Huet ont dû paraître dans des
recueils ou chez des éditeurs aujourd'hui
inconnus. Quelque soin que j'y aie mis,
depuis plusieurs années, et quelques recher-
ches que j'aie faites dans les cartons qu'a
conservés son fils, je suis loin d'avoir vu
toutes les lithographies de Paul Huet, et je
serais reconnaissant aux amateurs qui vou-
draient bien m'aider à compléter cet essai
de catalogue.

La première en date de ces lithographies
est, je crois, une vue qui a pour titre : *Versailles, Seine-et-Oise* (Huet, lith., à Paris,
chez Benard, rue des Martyrs, 65. — Lith.

Boissy). La vue est prise d'un endroit élevé :
à gauche, un chemin boisé et les faubourgs
de la ville ; à droite, au fond, le château en
pleine lumière (L. 0,28ᶜ, H. 0,18ᶜ.)

Puis vient peut-être un cahier de croquis
en largeur (Huet del., lith. de Frey, rue
du Croissant, 20) dont je ne connais que des
fragments.

Je vois sur la feuille n° 1 : des paysannes
normandes dans une rue ; un chariot picard
attelé de quatre chevaux ; un cheval, vu
par derrière, avec des paniers chargés de
pommes ; une chaumière dans le bois ; une
vieille paysanne s'éloignant. Dans la feuille
n° 2, un chasseur étendu sur l'herbe ; un
gentleman à cheval ; une jeune mère jouant
avec ses enfants dans un parc ; trois petits
paysage ; un petit port de mer ; des paysans
assis sur une falaises ; des laveuses. Cette
suite parut à Paris, chez Goupil et Rittner,
et à Londres, chez Charles Tilt, en 1827.

La première suite que je connaisse complète a pour titre : *Paysage, par Paul Huet,
1829 ;* ces mots gravés sur une roche dont
le pied baignant dans l'eau est envahie par

les frondaisons. « Imprimé et publié par Ch. Motte, lithographe de LL. AA. RR. Mgr le duc d'Orléans et Mgr le duc de Chartres; à Paris, rue des Marais, 13, faubourg Saint-Germain. » Le dépôt fut fait et approuvé en février 1830. N° 1, *les Braconniers;* on en voit un seul, caché derrière le tronc d'un gros hêtre; n° 2, *la Maison du Maréchal,* une double chaumière sur un tertre; n° 3, *le Soir,* effet de crépuscule tombant sur une chaumière; n° 4, *le Clocher de Honfleur;* au premier plan, une route descendant vers la ville; n° 5, *les Ormeaux,* un bouquet d'arbres élancés du plus gracieux effet; n° 6, *le Ruisseau;* une vieille mendiante le traverse sur un pont de bois; n° 7, *le Crépuscule;* une femme est assise sous un arbre, la lune apparaît; type de paysage romantique; n° 8, *l'Entrée du bois;* un garde est suivi de deux bassets; n° 9, *la Plage;* la marée basse laisse les barques à sec; n° 10, *le Matin,* pêcheurs causant à marée basse sur la grève encore tout humide; n° 11, *Gros temps,* plusieurs barques sont en péril; n° 12, *la Prairie,* un haras avec des chevaux au repos. — Toutes ces pièces, dont les n°s 1 , 3 , 5 et 7 sont en largeur, sont circonscrites d'un quadruple trait carré. On lit, dans un des angles supérieurs, la lettre A, et dans l'autre le numéro. Outre le titre, il y a au bas l'adresse de Motte, à Paris, et à Londres, 29, Bedford-street, Covent Garden. Les belles épreuves, sur chine, portent toutes le timbre sec de l'imprimerie C. Motte. — Ces deux lignes d'adresses ont été affacées postérieurement dans un tirage fait par l'imprimerie Caboche et Cie, et qui est très-inférieur. Le nom de Paul Huet a été effacé aussi, puis reporté plus bas que le dernier trait carré.

Quelques pièces isolées, que j'ai sous les yeux, ont dû être destinées à cette suite, puisqu'elles portent également la lettre A et sont de mêmes dimensions générales in-8°. Mais quel motif a pu les faire refuser? Elles ont tout autant d'effet et d'agrément que les autres. N° 4, *Campagne de Paris,* âne et paysan couchés ; tout au loin les tours jumelles de Notre-Dame ; n° 5, *la Fabrique,* au premier plan un abreuvoir. Cette pièce

a paru, en 1836, dans *le Monde dramatique*,
t. III, p. 183, mais fatiguée, le titre effacé
et avec l'adresse de Caboche et Cⁱᵉ. — «Intérieur de forêt, » des lapins jouent auprès
du tronc d'un gros arbre abattu; n° 6, *le
Marais*, au premier plan un homme assis
dans les hautes herbes, plus loin un hameau.

La seconde suite complète a pour titre :
Huit sujets de paysage par Paul Huet : c'est
écrit sur un rideau noué à deux arbres; à
terre, une palette. Au bas : « Publiée par
Gihaut frères, éditeurs, boulevard des Italiens, 5. » N° 1, *Pont dans les bois;* n° 2,
*Ruines d'un vieux château sur les bords
d'une rivière;* n° 3, *Contrebandiers condui-
sant des mulets dans une forêt;* Huet a
peint cette composition sous le titre *les
Braconniers,* en mettant un fusil de chasse
dans la main de l'homme qui conduit le
premier mulet et en accrochant du gibier
à la selle; n° 4, *les Collines de Saint-Sau-
veur :* effet de lumière localisée sur le point
central du paysage; n° 5, *le Plateau,* point
de vue sur une vaste vallée; n° 6, *Plein soleil,* effet de lumière dans une campagne

accidentée; n° 7, *Maison de campagne dans les bois;* n° 8, *Vue de Rouen,* au premier plan, deux femmes assises et un enfant. — De ces sujets, les n°ˢ 3 et 7 sont seuls en hauteur; tous sont circonscrits d'un double trait carré, portant un numéro d'ordre, le nom de P. Huet et l'adresse des éditeurs.

Six marines. « Lithographiées d'après nature par P. Huet, en 1832. Paris, publié par Morlot, galerie Vivienne, n° 26; Londres, published by M. Dean, 26, Hay Market. » *Le Calme,* pêcheurs en barque; *la Brise,* une barque va rejoindre une goëlette; *Arrivée des barques,* les marchands de marée les entourent à mesure qu'elles touchent terre; *Saint-Valery-sur-Somme,* au premier plan, pêcheur debout adossé à une barque à sec; *Environs de Rouen,* un bateau à quai, prêt à prendre la mer; *Souvenir de Fécamp,* berges très-escarpées, un bateau est étayé par le flanc. — Toutes ces lithographies, dont les deux dernières seules sont en hauteur, sont circonscrites d'un triple trait carré, portent le nom de P. Huet, de l'imp. C. Motte, la double adresse, à Paris et à Londres, des éditeurs. Les belles épreuves sont marquées du timbre sec de V. Morlot.

En cette même année 1832, Paul Huet donne au journal *la Caricature*, dont les sentiments républicains s'affirmaient avec une extrême énergie, une composition très-hardie et très-émouvante. Elle a pour titre : « *Amnistie pleine et entière accordée par la* « *mort en 1832, sous le règne de très-haut,* « *très-puissant, très-excellent Louis-Philippe.* Dessiné par ***. Inventé à Sainte-Pélagie par Ch. Philippon. N° 105, pl. 215-16. 8 novembre 1832. » C'est une grande vue du cimetière du Père-Lachaise, au clair de lune. L'œil franchit la vallée funèbre et rencontre la silhouette des grands monuments de Paris. Le terrain, coupé d'ombres sinistres, est jonché de couronnes funéraires, de crânes, d'os de morts, de pierres tumulaires sur lesquelles on lit les noms des républicains tués dans la rue ou morts à Sainte-Pélagie. Plus tard il y eut un nouveau tirage et, les lois de septembre ne tolérant plus à la pensée qu'une liberté révisée par la police, l'éditeur effaça les mots qui suivent. . *en 1832*. La pierre était alors très-fatiguée.

Paul Huet a collaboré au journal *l'Artiste* presque dès sa fondation par Ricourt, en 1831. J'y trouve dans le premier volume une *Vue du Château-Gaillard*, reproduction d'un de ses tableaux au Salon (lith. de Lemercier, rue du Four-Saint-Germain, n° 36. Dans un deuxième tirage, très-inférieur, cette adresse est effacée.) — Le *Bénitier*, une paysanne et des enfants autour d'un bénitier moyen âge. En 1832, t. II, p. 160. — *Terrasse de Saint-Cloud*, reproduction d'un de ses tableaux au Salon de 1833 (t. V, p. 168, lith. de Ch. Motte); — *Vue du château d'Eu*, reproduction d'un de ses tableaux au Salon de 1834 (lith. de Frey).

Outre la lithographie que j'ai mentionnée, on trouvera encore dans *le Monde dramatique* (t. III, 1836) un délicieux paysage qui a pour titre *Fantaisie :* une fillette cause avec un pêcheur, et, à travers l'arcade de verdure que forment les saules, on aperçoit sur l'autre rive le clocher et les toits d'un village.

Je dois enfin signaler, pour compléter ces notes, un *Dessin à la manière noire par M. P. Huet* (lith. de C. Motte). C'était un procédé de lavis et d'estompe inventé par l'habile imprimeur C. Motte qui obtint des spécimens très-intéressants de Decamps, des frères Devéria, et de Johannot, etc. Celui de Huet représente un château fort sur une hauteur, dans un pays mamelonné et boisé. — et enfin « Vue prise en Picardie; » au premier plan, deux paysans et une femme qui se reposent, et, au-dessus d'une ligne d'arbres, les silhouettes d'un moulin à vent et d'un clocher. — « Paysage d'Italie; » de grands sapins sur le bord d'un chemin, des bûcherons, une chèvre; la vallée s'étend vers la droite. (L. 35, H. 20.)

Paul Huet a donné un caractère très-particulier de force et d'éloquence, de couleur et de poésie à ses lithographies. Imprimées par C. Motte, sur beau papier de Chine, elles sont dignes des cartons des amateurs les plus délicats, et, mises sous verre, elles valent des dessins. Longtemps elles ont traîné dans les cartons des quais.

Les suites que je possède m'ont coûté quelques francs à la vente de la précieuse collection de M. Parguez. Aujourd'hui elles
sont presque introuvables et les amateurs
se les arrachent. Telles sont les lois de la
mode.

LES BOIS

Il est vraisemblable que Paul Huet, dont
la jeunesse fut très-besogneuse, a dessiné
des bois pour des publications ou des livres
aujourd'hui peu connus. Le hasard seul
révèle un jour, à ceux qui étudient les ques-
tions de critique par le côté minutieux, ces
curiosités qui semblent légères et ont leur
valeur. Voici le relevé exact des bois de
P. Huet que je connais en ce moment.

« Une boutique à Rouen » on lit au-dessus de la porte ouverte à côté de l'étal,

Bon cidre à dépoteyer. Ce bois qui reproduisait un des tableaux du Salon, est dessiné à la plume et vraisemblablement gravé par Porret. Il orne le *Salon de 1831*, par M. Gustave Planche. Paris, imprimerie Pinard. In-8°.

L'Ouragan. Robinson est renversé par l'ouragan qui succède à des secousses de tremblement de terre; son chien hurle d'effroi. La composition est circonscrite dans un encadrement composé par Napoléon Thomas. Gravé par Lacoste jeune. *Vie et aventures de Robinson Crusoé écrites par lui-même, traduites par Pétrus Borel*. Francisque Borel et Alexandre Varenne, éditeurs. T. I, p. 121. Il y a, dans ces deux volumes in-8° aujourd'hui fort rares, 250 gravures en bois dessinés par Eugène et Achille Devéria, Célestin Nanteuil, Loubon, Jadin, N. Thomas, E. Forest, E. Isabey, Boulanger etc.

« Le cadavre du duc d'Orléans étendu, rue Barbette, au pied du pilier de la maison de l'Image Notre-Dame » et « la Porte de Montereau » têtes de chapitre des deux volumes d'*Isabel de Bavière, Chroniques de*

France, règne de Charles VI, par Alexandre Dumas. Paris, librairie Dumont. 1835, in-8°. Édition originale.

Plusieurs « vues de montagnes, de vallées et de torrents » dans le *Voyage en Grèce* du comte de Laborde.

Vue du Port-Louis et *Vue du Pieter-Boot*, bois hors texte et « la Pluie sur les cases, le Spectacle dans la forêt, Coucher du soleil, l'Ouragan, Torrent bouleversé, les Oiseaux après la pluie, Rocher des Adieux, la Mer, Paul écrivant (la figure est de Johannot), Maison du Vieillard, la Mer, Paysage, Vaisseau à pleines voiles, Marais, Paysage, Paul apporte la lettre de Virginie (fig. de Johannot), Grosse mer, Paul, le Vieillard et Domingue dans les bois (fig. de Johannot). Ils écoutent le canon d'alarme, Habitants autour du feu, les Plaines de Williams, Paul en défaillance à la vue de la mer, Paul et le Portrait (fig. de Johannot), l'Église de Pamplemousse, Paysage, le Cap Malheureux, Oiseaux de proie. » Ces bois d'un effet extraordinaire sont gravés par Bagg, Slader, Th. Williams, Wright, Folkard, Branston, C. Gray, Orrin Smith, Powis, Hart, Miss Williams. *Paul et Virginie, par J. H. Bernardin de Saint-Pierre,* Paris, L. Curmer, 1838.

Dans la *Chaumière indienne,* qui fait partie de cette même édition, le plus parfait des livres illustrés de ce temps-là, je trouve encore des bois de Paul Huet : « les Bords du Gange ; l'Ouragan ; le Vent courbant les bambous ; Inondation du Gange ; un Petit Vallon et un Bois entre deux collines ; les Vieux Arbres dans le vallon ; la Montagne noire de Bember. » Ils sont dûs aux mêmes graveurs anglais que nous avons cités plus haut.

Un Paysage, soir d'orage. Deux hommes démarent un tronc d'arbre dans un pays boisé envahi par l'inondation. D'après un de ses tableaux du Salon de 1852. *Magasin pittoresque.* Livraison de septembre 1852. — Dans la même publication, juillet 1866, *La Maison où est né Vauquelin, en 1763, à Saint-André d'Hébertet, Calvados.* Dessin de Paul Huet, gravé avec esprit par M. Rouget. C'est une simple chaumière, dans la cour de laquelle vivent en paix les poules et les cochons, et qu'ombrage un verger. — Même publication, même année, août. *Le Bois de La Haye au soleil couchant; Automne.* Dessin de Paul Huet d'après un tableau du salon de 1866. Gravé très-froidement par M. I. Regnier.

« *Le Printemps,* » une jeune fille assise dans une prairie près d'un ruisseau, avec des enfants qui cueillent des fleurs ; et la *Fenaison,* un charrette chargée d'herbe passant sur un pont rustique. Grand bois en largeur, d'un effet très-lumineux, gravé par Regnier. *L'Illustration,* juin 1861. — *La Cathédrale* et *la Rivière normande* avec des baigneuses, d'après deux des panneaux décoratifs exposés au Salon de 1858. Bois en hauteur. C. Lefman. *L'Illustration,* année 1858. — J'ai encore sous les yeux un petit bois, coupé dans cc même journal, mais dont j'ignore la date. C'est une sorte de « Petit étang au pied de grands arbres. » Il y a simplement au bas : *Paul Huet.* Je le crois dessiné par lui.

Excursions dans le Cornouailles et le Devonshire, par Louis Deville. Paris, E. Dentu édi-

teur, in-12, sans date. Il y a sur la couverture
et en tête du premier chapitre un bois qui
représente le bloc de rochers formant la
« Pointe extrême de la côte de Cornouailles, » gravé par Chevauchet. M. Paul Huet
partit de Paris le 12 juillet 1862, avec son
fils et M. Louis Deville. C'était la première
fois qu'il visitait l'Angleterre. M. Ernest
Chesneau a publié dans le *Constitutionnel*
(2 février 1869) trois des lettres écrites pendant ce voyage.

Paris-Guide, par les principaux écrivains
et artistes de la France. Lacroix, 1867, in-12.
Dans la première partie, qui a pour titre
la Vie, page 586, *le Grand Bassin des Tui-
leries*, gravé par Maurand.

Le Tour du Monde, nouveau journal des
voyages publié sous la direction de M. Char-
ton, librairie L. Hachette, in-4°. Suite de
bois dessinés pour un *Voyage dans l'Amé-
rique septentrionale*, de M. L. Deville, et pour
un *Voyage en Californie*, de M. L. Simonin.
Ils ont été gravés (et généralement fort mal)
sans que M. Huet en ait eu connaissance.

T. III, p. 237. Iles de glaces sur le banc

de Terre-Neuve, dessin de Paul Huet d'après
M. Deville, gravé par C. Maurand. Çà et là,
entre les îles flottantes, des baleines lancent
des panaches d'eau. — P. 240. Les Palis-
sades de l'Hudson, id., gravé par J. Gauchard. — P. 241. Entrée du port de New-
York, id., gravé par J. Regnier. — P. 248.
Vue de Montréal, id., gravé par Trichon.—
P. 252. Cascade de Montmorency, id., gravé
par Pouget.—P. 256. L'Escalier des Géants,
près de la cascade de Montmorency, id.,
gravé par Sargent. — P. 257. Les Mille
Iles, à l'entrée du lac Ontario, id., gravé
par Maurand. — P. 263. Les Chutes du
Niagara, dessiné d'après une photographie,
gravé par Sargent. — P. 268. La Prairie
du Chien, d'après M. Deville, gravé par
C. Maurand. — P. 271. Le Lac Pepin, id.,
gravé par J. Gauchard. — P. 272. Le Fort
Smellins, id., gravé par C. Maurand.

Voyage en Californie, par M. L. Simonin.
— T. V, p. 20. Forêt de Sequais giganteas,
d'après une photographie, sans nom de graveur. — P. 21. La Chute de Yosemiti, id.,
id. — P. 24. Le Père de la Forêt, d'après

une gravure californienne, id.— P. 25. Vue
général des Grandes cascades de Yosemiti,
id., et gravé par Laly. — P. 28. La Vallée de
Yosemiti, id., gravé par Trichon Monvoisin.

ENVOIS AUX SALONS

*Les numéros en chiffres maigres sont ceux
des envois aux Salons, et les numéros en chiffres gras
ceux des tableaux et dessins exposés au Cercle
de l'Union artistique.*

1827
(Paul Huet demeurait alors rue de Madame, 27.)

573. Vue des Environs de La Fère (département de l'Aisne).

1831
(Rue Saint-Honoré, 357.)

1082. Paysage. Le soleil se couche der-

rière une vieille abbaye située au milieu des
bois.

> Trouvez-moi, trouvez-moi
> Quelque asile sauvage
> Quelque abri d'autrefois,
>
> . . . .
>
> Trouvez-le-moi bien sombre,
> Bien calme, bien dormant,
> Couvert d'arbres sans nombre,
> Dans le silence et l'ombre,
> Caché profondément.
>
> (VICTOR HUGO.)

Une grande pièce d'eau avec des arbres penchés; au
fond, les flèches d'une abbaye se détachant sur le soleil
couchant.

1. — 1083. Intérieur d'un Parc, paysage avec figures.

De grands arbres se penchent au bord d'un étang; au
milieu du tableau, un groupe de personnes assises sur la
pelouse.

. Ce tableau appartient à M. Redelsperger. Largeur,
1^m,15, hauteur 0^m,75.

2. — 1084. Une Forêt un Jour de fête. 1085. Un Orage à la Fin du jour.

> Voyageur isolé qui t'éloignes si vite,
> De ton chien inquiet le soir accompagné,
> Après le jour brûlant quand le repos t'invite,
> Où mènes-tu si tard ton cheval résigné?
>
> VICTOR HUGO.

De grands marais s'étendent à perte de vue, des nuages
menaçants se forment à l'horizon et enveloppent le

soleil ; au premier plan sur un pont qui se détache sur de sombres masses d'arbres, un cheval blanc monté par un cavalier drapé dans un manteau rouge.

Ce tableau, signé et daté 1827, appartient à M. Sollier, à la Flèche ; il a été gravé en 1827 par Bourruet ; en 1868, par Paul Huet, qui en a fait le motif de sa dernière eau-forte. Largeur 1^m,46, hauteur 0^m,98.

1086. Un Orage à la Fin du jour.

Il est possible que ce numéro, identique au précédent, ait été répété par erreur au livret.

1087. Vue prise à La Fère (Aisne), paysage.

1088. Vue d'Abbeville (Somme), paysage.

1089. Paysage.

AUX DESSINS.

1090. Les Braconniers, aquarelle.

Appartient à M. de Cambis.

1091. Vue d'Harfleur, aquarelle.

1092. Le Clocher d'Hafleur, aquarelle.

Cette aquarelle doit être le motif d'une lithographie publiée chez Motte en 1830, sous le titre : *le Clocher d'Harfleur*.

1093. Vue des Bords de la Seine, aquarelle.

SUPPLÉMENT.

2587. Boutique à Rouen.

Le bois d'après ce dessin a paru dans le *Salon de 1831*, par Gustave Planche.

1833

1267. Vue générale de Rouen, prise du Mont-aux-Malades.

Ce tableau, peint primitivement pour le Diorama, fut repris plus tard par Paul Huet, repeint presque entièrement. Il lui valut une deuxième médaille. Appartient au baron Ernouf.

1868. Paysage composé ; Soirée d'Automne.

Appartient au musée de Lille. Il a été lithographié dans *l'Artiste* par Menut Alophe. En 1868, il fut presque entièrement repeint après avoir subi un rentoilage.

1269. Entrée de Forêt, souvenir de Compiègne.

1270. Intérieur de Forêt. Maison de garde.

SUPPLÉMENT.

3072. Paysage. Crépuscule.

3073. Vue de Saint-Cloud, prise de la lanterne de Démosthènes.

Lithographié par Paul Huet dans *l'Artiste* sous le titre de *Terrasse de Saint-Cloud*.

1834

991. Vue générale d'Avignon et de Vil-

leneuve-lès-Avignon, près de l'intérieur du fort Saint-André.

Gravé par Paul Huet, dans le *Salon* d'Alexandre Decamps, et lithographié par Daumier dans le *Charivari*. Ce tableau se trouve placé dans la salle du conseil général à la préfecture de Cahors.

992. Vue du Château de la ville d'Eu.

Au premier plan, un chemin raviné, avec une charrette. Lithographié dans l'*Artiste*.

Ce tableau appartenait à S. A. R le duc d'Orléans.

993. Vue des Environs d'Honfleur.

Un ciel d'orage s'étend sur la mer à droite. Sur la gauche, les collines de la côte de Grasse sont éclairées par une percée de soleil.

Ce tableau appartenait à S. A. R. le duc d'Orléans.

A LA GRAVURE.

3. — 2200. Paysages gravés à l'eau-forte.

Ces gravures ont été publiées chez Rittner et Goupil, 1835.

1835
(41, rue de Seine-Saint-Germain.)

4. — 1091. Matinée de Printemps.

Une grande pièce d'eau avec une barque et des cygnes; à droite, un chemin couvert avec des figures de femmes et d'enfants, des cavaliers. — 1^m,62 sur 0^m,98.

1092. Soirée d'Automne.

Motif pris dans le parc de Saint-Cloud, de grands arbres s'enlèvent dans l'ombre sur le ciel. Destiné à servir de pendant à la *Matinée de printemps*.

Ce tableau appartient au musée du Luxembourg. — $1^m,62$ sur $0^m,98$.

Première esquisse, $0^m,38$ sur $0^m,18$.

Deuxième esquisse, $0^m,50$ sur $0^m,36$.

1093. Maison d'un Garde.

A LA GRAVURE.

2403. Paysages gravés à l'eau-forte.

Ces gravures faisaient partie du cahier publié chez Rittner et Goupil, en 1835.

1836

1001. Souvenir d'Auvergne. Soleil couchant dans les montagnes.

Ce tableau a été brûlé. — $1^m,63$ sur $0^m,97$; il reste une esquisse de $0^m,41$ sur $0^m,27$. Lithographié par Alophe dans l'*Artiste*.

5. — 1002. Chaumière des environs de Dieppe.

Ce tableau est le motif de l'eau-forte gravée en 1846. Appartient à M. Sallard. — L. $0^m,50$, H. $0^m,35$.

1838

940. Coup de Vent, souvenir d'Auvergne.

Lithographié par Alophe dans l'*Artiste*.

941. Vue prise à Compiègne. Soleil d'Automne.

Ce tableau appartenait à S. A. R. le duc d'Orléans.

942. Grande Marée d'Équinoxe.

Acheté par le cercle des Arts.

Ce tableau a été gravé à l'eau-forte par Huet. La gravure, publiée dans un journal de Rouen, se retrouve dans le dernier cahier publié chez Goupil. Voir au Salon de 1861. — L. 1^m environ.

A LA GRAVURE.

6. — 1982. Source de Royat, près Clermont (Puy-de-Dôme).

Eau-forte. — Planche de 0^m,64 sur 0^m,50.

1840

(20, rue Saint-Dominique-Saint-Germain.)

864. Vue du Château d'Arques, à Dieppe.

Tableau commandé par le ministère de l'intérieur.
Appartient actuellement au musée d'Orléans.
Gravé au burin par Lepetit dans l'*Artiste*.

1841

Paul Huet fut décoré après ce Salon, le 22 juin.

7. — 1013. Intérieur de Forêt.

On y voit des braconniers. — L. 0^m,66, H. 0^m,50.

8. — 1014. Vue du Port et de la Rade de Nice.

La vue est prise sur la route de Villefranche, à droite un massif d'oliviers, une figure d'Italien couché. — 0ᵐ,82 sur 0ᵐ,54.

1015. Un Torrent en Italie.

Appartient au musée de Caen. Lithographié par Baron dans les *Beaux-Arts* de Curmer. — 1ᵐ,60 sur 1ᵐ.

1016. Le Lac.

Paysage composé, effet du soir, lithographié par Français pour les *Beaux-Arts* de Curmer.

1017. Rochers dans la Vallée de Nice.

1843

630. Vue d'Avignon et du Château des Papes.

Vue du Rhône, soleil couchant, la ville et le château dans le fond.

Appartient au musée d'Avignon, sous le numéro 133.

1845

853. Vieux Château sur des Rochers.

De vieilles tours éclairées par le soleil couchant se détachent sur un fond de montagne, au premier plan de grands rochers se reflètent dans les eaux.

1848

(Rue du Cherche-Midi, 57.)

2316. Paysage, scène tirée de l'Arioste, *Roland furieux*, chant Iᵉʳ.

Ce tableau complétement refait est le même que celui de 1852 sous le titre : *Fraîcheur des bois, Fourré de la forêt.* — L. 1ᵐ,02. H. 0ᵐ,65.

Esquisse de la première composition, une femme près du ruisseau.

2317. La Mare aux Canards. Forêt de Compiègne.

2318. Le Val d'Enfer, au pied du pic Sancy.

2319. Lac Guéry, Mont-d'Or (Auvergne.)

9. — 2320. Cascatelles de Tivoli, vue prise à mi-côte. — L. 0ᵐ,83, h. 1ᵐ,55.

2321. Château et Vallée de Pau.

Vue prise à l'entrée du vieux parc, effet de soleil levant.

Appartient à M. Des Essars. — Environ, l. 0ᵐ,80, h. 0ᵐ,65.

2322. L'Automne, paysage aux environs de Pau.

Un chêne brûlé par l'automne sur les coteaux de Gélos. Les Pyrénées à l'horizon. — L. 0ᵐ,59, h. 0ᵐ,45.

2323. Rochers, site des Apennins.

2324. Marais.

Vue prise aux environs de Coucy (Picardie).

2315. Une Source aux Eaux - Bonnes (Basses-Pyrénées)·

Un pêcheur de truites se glisse dans les broussailles.

Ce tableau appartient à M. Petit, président à Grenoble. — Environ, l. o^m,60, h. o^m,70.

10. — 2326. Crépuscule, aux environs de Pau ; le Gave au fond.

1849

11. — 1077. Vue prise aux environs du Col-de-Tende.

Halte de brigands au milieu des rochers, lumière de midi, à droite un ravin dans l'ombre. — L. o^m,55, h. o^m,37.

1078. Chêne de Saint-Corneille, à Compiègne.

Appartient à Mme Leroy-Langlois. Chollet.—- L. 1^m,30, h. o^m,90.

1079. Crépuscule, bords de la Seine.

12. — 1080. Soleil couchant, paysage composé.

Appartient à M. Dionis du Séjour. — L. o^m,76, h. o^m,54.

13. — 1081. Monte Calvo, Nice.

Appartient à M. Sallard.— L. o^m,24, h. o^m,22.

DESSINS.

1082 à 1085. Paysages. Fusains.

1086. Intérieur. Fusain. Une Chambre de Malade, Clermont-Ferrand (Auvergne).

1850

14. — 1564. Les Rives enchantées.

Fête mythologique au bord d'un lac au fond des montagnes.

Ce tableau était destiné à une décoration des Quatre saisons. Ce panneau est celui de l'Été, les autres n'ont pas été exécutés. — L. 2^m,10, h. 1^m,30.

15. — 1565. La Butte aux Aires.

Fontainebleau. Étude de hêtres en été. — L. 0^m,53, h. 0^m,37.

16. — 1566. Les Enfants dans le Bois.

Forêt de Fontainebleau, allée de hêtres éclairée par le soleil de midi, des enfants courent après des papillons. — L. 0^m,54, h. 0^m,37. Esquisse, l. 0^m,32, h. 0^m,20.

1567. Vue prise dans le Parc réservé de Saint-Cloud, tableau commandé par S. A. la duchesse d'Orléans. — L. 0^m,80, h. 0^m,60 environ.

17. — 1568. Étude de Rochers, Carabasco (Nice). — L. 0^m,46, h. 0^m,33.

18. — 1569. Étude dans le Bois de la Chasse.

Montmorency. Un étang, de grands chênes baignent

dans les eaux. Au fond une petite |maison blanche. — L. 0^m,45, h. 0^m,37.

19. — 1570. Lisière de Bois, étude faite en 1825. — L. 0^m,37, h. 0^m,20.

1571. Soleil couchant.

1852

665. Soir d'Orage. Forêt.

De grands arbres baignent dans un marais, au premier plan des bûcherons.

Le dessin de cette composition a paru dans le *Magasin pittoresque.*

Un carton au fusain.— L. 1^m,10, h. 0^m,75. Esquisse, l. 0^m,36, h. 0^m,23·

20. — 656. Fraîcheur des Bois, Fourré de la Forêt.

Le même au Salon de 1848 entièrement repeint. Cascade dans les rochers, troncs de hêtres éclairés; un braconnier avec son chien remplace la figure de femme. — L. 1^m,02, h. 0^m,65.

657. Calme du Matin, intérieur de forêt.

De grands hêtres élancés penchés sur un étang, un martin-pêcheur rase les eaux; à gauche deux biches sous bois.

Appartient au musée du Luxembourg.

1853

21. — 625. Marais salants aux Environs de Saint-Valery-sur-Somme (Picardie).

Un violent orage éclate sur les marais, au premier plan un berger garde un troupeau de moutons, le chien hurle. — L. $1^m,63$, h. $0^m,98$.

22. — 626. Brisants, Granville.

La vague furieuse s'élance en écume contre les rochers, un reflet du soleil couchant rougit le ciel à l'horizon. Une mouette guette l'épave sous la vague. — L. 1^m, $0^m,65$.

627. Intérieur de Forêt.

1855
(Exposition universelle.)

3325. Inondation à Saint-Cloud.

Les grands arbres du parc sont baignés par les eaux débordées de la Seine; au fond le pont de Sèvres; les eaux sont éclairées par le reflet d'une éclaircie du ciel. Au premier plan une barque et une charrette attelée de deux chevaux.

23. — Deux esquisses de cette composition. L'une appartient à M. Albert Boulanger-Cavé. — Toile de $0^m,20$. La répétition appartient à M. Petit, à Grenoble.

24. — 3326. Soleil couchant.

Le soleil reflété dans la Seine au pied du coteau de Saint-Fargeau, à Seine-Port. Au premier plan, une digue, troupeau de vaches. — L. $2^m,15$, h. $1^m,14$.

25. — 3327. Environs d'Antibes (Var).

Un groupe de chênes-liéges sous lequel se forment des danses de paysans. Au fond la toile se perd dans les vapeurs du soleil couchant.

3328. Fourré de la Forêt, exposé en 1852.

(Voir au Salon de 1852.)

3329. Marais (Picardie).

Salon de 1852.

3330. Une Soirée d'automne.

Salon de 1835. Musée du Luxembourg.

3331. Calme du Matin.

Salon de 1852. Musée du Luxembourg.

A LA GRAVURE.

4679. Les Eaux de Royat (Auvergne).

Salon de 1838.

4680. Chaumière normande, eau-forte.

4681. Pont des Pyrénées, eau-forte.

1859
(16, rue de l'Ouest.)

1548. Les Fabriques.

Vapeurs du matin, fond de prairies; au premier plan des femmes étendent des pièces de toile. — H. 1^m,93, L. 0^m,80.

1549. Le Vieux Château féodal (Normandie légendaire).

Effet de lune. Une barque éclairée par une torche aborde la falaise, un escalier taillé dans le roc conduit au vieux château. — H. 1^m,93, L. 1^m,10.

1550. Les Herbages.

Fond de la vallée d'Auge, les vaches viennent boire dans une mare. — H. 1^m,93, L. 1^m,10.

1551. Le Gué et la Chaumière.

Un moulin à eau perdu dans la vapeur, une paysanne sur son cheval traverse le gué. —H. 1^m,93, L. 1^m,10.

1552. Le Ruisseau.

Effet d'été avec baigneuses. Gravé sur bois dans l'*Illustration*. — H. 1^m,93, L. 1^m,10.

1553. La Manche; entrée au port.

Une barque, au premier plan, chargée de passagers, lutte contre la vague. — H. 1^m,93, L. 1^m,10.

1554. La Cathédrale.

Effet de soleil couchant, les clochers se reflètent dans les eaux du premier plan. Gravé dans l'*Illustration*. — H. 1^m,93, L. 1^m,10.

1555. La Vie de château.

Effet d'automne, dans le fond un château Louis XIII, au premier plan un pont et une barque. — H. 1^m,93, L. 0^m,80.

Ces huit peintures font partie de la décoration du salon de M. Adrien Lenormand, à Vire, Calvados.

1556. La Chambre de la malade, intérieur d'Auvergne.

Tableau fait d'après le dessin au fusain exposé en 1849. — L. 0^m,62, H. 0^m,43.

1557. Entre pluie et soleil, fin d'avril.

Appartient à M. Bethmont.

1558. Les Bords de la Seine, printemps.

1559. La Moisson.

Environs de Paris ; les fonds d'une vallée de la Brie sont baignés dans la vapeur chaude du soleil de midi. Sur le premier plan les moissonneurs coupent les blés.

Ce tableau appartient à M. E. Sallard. — Environ, L. 0,90 ; H. 0^m,70.

26. — 1560. Soleil couchant sur la mer.

Falaises d'Houlgate, Calvados.

Appartient à M. Félix Sallard, avocat.

1561. Grotte-Santa Croce, comté de Nice.

Paysans italiens, un moine ; un âne sur le premier plan.

Il existe une répétition de même dimension. — L. 0^m,55, h. 0^m,36.

1562. Source de Laruns (Pyrénées.)

Ce tableau appartient au docteur Huet.

1861

27. — 1565. Le Gouffre, paysage composé.

Un groupe de chênes s'enlève en vigueur sur un ciel d'orage, au premier plan un gouffre sur lequel planent des corbeaux. Un homme épouvanté s'avance et plonge e regard sur ce lieu sinistre, son compagnon retient ses

chevaux effrayés ; dans le fond, un cheval emporté sans
cavalier. — L. 2^m,12, h. 1^m,25.

Esquisse. L. 0^m,74, h. 0^m,47.

La figure principale est un peu différente du tableau
répétition appartenant à M. Grenier, de Vire. — Carton
au fusain de 1^m,10 l. 0^m,75 h.

1566. Grande Marée d'équinoxe aux environ d'Honfleur.

Répétition du tableau de 1839.

La lame furieuse vient battre le pied des ormes de la
côte de Grâce.

Appartient au ministère d'État. — L. 1^m, h. 0^m,61.
— Esquisse, l. 0^m,42, h. 0^m,30. Deux dessins et une
aquarelle.

1567. Les Falaises de Houlgate, dites les Roches-Noires, près Dives (Calvados.)

Le soleil à demi voilé éclaire l'horizon de mer, au
premier plan des vaches, une femme en rouge. —
L. 1^m,20, h. 0^m,80.

Appartient au musée de Bruxelles. — Esquisse,
l. 0^m,41, h. 0^m,33.

28. — 1568. Un intérieur en Auvergne.

Une grange éclairée dans le fond, une femme se déta-
che en lumière sur un escalier. — L. 0^m,41, h. 0^m,35.
— Esquisse, 0^m,27, 0^m,21.

29. — 1569. Étude de mer dans la Manche.

Les vagues fouettées par le vent et la pluie s'enlèvent sur l'horizon gris. — L. o^m,65, h. o^m,35.

30. — 1570. Soleil couchant aux environs de Trouville.

Une saulée sur les bords de la Toucques. — L. o^m,47, h. o^m,30.

1863

956. Falaises de Houlgate, entre Dives et Trouville (Calvados.)

Scène de sauvetage ; deux hommes retirent un noyé ; au fond, les falaises sombres se détachent sur le ciel.

Ce tableau appartient au musée de Bordeaux.

31. — Esquisse appartenant à M. Achille Sirouy. — L. o^m,48, h. o^m,32.

Un carton fusain appartenant à M. Léonce Guerrier, avocat. — L. 1^m,10, h. o^m,75.

32. — 957. Le Bocage normand.

Environs de Falaise, un chemin normand encaissé dans les roches de granit ; une femme en rouge conduit un troupeau de moutons ; une chaumière sous les pommiers. — L. 1^m,15, h. o^m,95.

33. — 958. Le Bas-Meudon.

Les coteaux de Sèvres perdus dans les vapeurs du soleil couchant. Les grands saules de l'île Séguin baignent dans la Seine.

Appartenait à M. Sainte-Beuve, a été légué à M. Jules Troubat. — L. 1^m,02, h. o^m,65.

1864

(35, rue de Madame, et rue de l'Ouest, 36.)

970. Porte de la route d'Uriage, à Vizille (Isère.)

La porte est percée dans le roc ; des maisons en pleine lumière s'étagent au-dessus ; les figures s'enlèvent en lumière au premier plan ; à droite, une forge dans l'ombre.

Ce tableau appartient au ministère d'État. — Environ 1ᵐ l., 0ᵐ,80 h.

34. — 971. Un Torrent le soir dans les Alpes (Isère.)

Le fond se détache sombre sur les masses lumineuses du soleil couchant disparu derrière les montagnes. Un aigle plane sur les eaux. — L. 1ᵐ,15, h. 0ᵐ,95.

Esquisse appartenant à M. Chesneau.

1865

1073. Le Gave débordé.

Le sommet des montagnes se perd dans les nuages, les eaux se précipitent gonflées par un orage ; au premier plan, un troupeau de bœufs.

Appartient au musée de Montpellier.

Un dessin appartenant à M. Vauquelin, château de Saint-Maclou (Calvados). — Grand carton au fusain. — Esquisse, l. 0ᵐ,53, h. 0ᵐ,38.

35. — 1074. Cabane de pêcheurs à Reu-
zeval, près Dives (Calvados).

Effet de soleil sous les pommiers, la mer à l'horizon,
figures. Exposé à Bruxelles, 1869. — L. o^m,85, h. o^m,48.

GRAVURE.

3340. Souvenir des environs de Fontainebleau.

Eau-forte, publication de la *Société des Aquafortistes.*

973. Le Bois de La Haye.

Soleil couchant dans un brouillard d'automne, Hollande. Le soleil disparaît derrière des troncs d'arbres
élancés, la lune apparaît, canal perdu dans le brouillard,
un grand moulin s'élève, sur le premier plan un bac.

Appartient actuellement au musée d'Orléans. —
L. 2^m,22, h. 1^m,40.

Un bois a été publié dans le *Magasin Pittoresque,* et
Paul Huet a gravé lui-même une eau-forte pour la
Gazette des Béaux-Arts. Première esquisse, l. o^m,35,
h. o^m,20, à M. Keller.

36. — Deuxième esquisse, l. o^m,74, h. o^m,47.

37. — 974. Datura et Volubilis.

Bouquet de fleurs, peint le 25 août 1865. — L. o^m,52,
h. o^m,25.

1866

38. — 768. Le Château de Pierrefonds
restauré.

Tableau commandé par la Maison de l'Empereur et des Beaux-Arts.

Le château se détache en valeur d'ombre claire sur le ciel lumineux. — Première esquisse, l. 0^m,50, h. 0^m,35; deuxième esquisse, l. 0^m,72, h. 0^{m}46.

769. Soirée d'été; les Baigneuses.

Appartient à un amateur de Bordeaux.

Ce tableau a été gravé à l'eau-forte; la planche se trouve dans la collection publiée chez Goupil. — L. 1^m,02, h. 0^m,65; esquisse d'après nature aux étangs de Ville-d'Avray. — L. 0^m,50, h. 0^m,33.

1867
(Exposition universelle.)

357. Grande Marée d'équinoxe, environs de Honfleur.

Appartient au ministère d'État. Ce tableau indiqué sur le livret n'a pas été placé. (Salon de 1861.)

358. Les Falaises de Houlgatt, entre Dives et Trouville (Normandie.)

Salon de 1863. Musée de Bordeaux.

359. Le Bocage normand; environs de Falaise.

Salon de 1863.

360. Le Bas-Meudon.

Salon de 1863. Appartenait à M. Sainte-Beuve.

361. Porte de la route d'Uriage, à Vizille (Isère.)

Salon de 1864. Ministère de la Maison de l'Empereur et des Beaux-Arts.

Ce tableau n'a pas été exposé et n'a paru qu'au livret.

362. Le Gave débordé (Pyrénées.)

Salon de 1865. Musée de Montpellier.

363. Le Bois de la Haye.

Soleil couchant par un brouillard d'automne.
Salon de 1866. Musée d'Orléans.

364. Le Parc ; matinée de printemps.

Salon de 1835.

1868

39. — 1279. Les Ruines du château de Pierrefonds.

Acheté par le ministère de la Maison de l'Empereur et des Beaux-Arts. Les ruines se détachent en clair sur un ciel orageux. Première esquisse faite d'après nature en 1834. — L. 0^m,50, h. 0^m,27 ; deuxième esquisse en 1867, l. 0^m,54, h. 0^m,35.

40. — 1280. Fontainebleau.

Tableau composé d'après un motif de la forêt de Fontainebleau.

Un bouquet de chênes s'enlève en vigueur sur les fonds chargés de pluie. Au premier plan un chasseur dans le chemin, avec des chiens courants. — L. 1^m,25, h. 0^m,90, esquisse, l. 0^m,36, h. 0^m,53.

1869

41. — 1218. Le Laita à marée haute, dans la forêt de Quimperlé (Bretagne).

> ... O doux Laita, le monde
> En vain s'agite, et pousse une plainte profonde.
> Tu n'as pas entendu ce long gémissement,
> Et ton eau vers la mer coule aussi mollement.

Les barques éclairées par le soleil couchant qui perce à travers les grands arbres remontent la rivière. Au premier plan, une femme en rouge, un taureau, des vaches au milieu des grandes herbes.

Ce tableau était destiné à faire pendant au *Bois de La Haye*. — L. 2^m,22, h. 1^m,40.

42. — Première esquisse appartenant à M. J. Hetzel; la répétition appartient à M. David d'Angers; troisième esquisse plus grande. — L. 0^m,74, h. 0^m,45.

43. — 1219. Pêcheurs tirant la senne sur la grève de Houlgatt, marée montante.

Le soleil éclatant perce à travers les nuages orageux reflétés sur la grève. A l'horizon, la mer s'enlève comme une bande lumineuse. — L. 1^m,65, h. 0^m,65. Esquisse, l. 0^m,40, h. 0^m,22.

DESSINS.

44. — 2839. L'Inondation de Saint-Cloud.

Esquisse du tableau de l'exposition de 1855.

Appartenant au musée du Luxembourg. Fusain. — L. 2^m,80, h. 1^m,90.

2840. Quatre dessins, même numéro.

Vue de Spolète, lavis.

Le Pont du Gard, aquarelle.

Une Maison à Menton, dessin à la plume.

Le Charlemagne, forêt de Fontainebleau.

EAUX-FORTES.

4022. Cinq eaux-fortes, même numéro.

Chaumière dans la vallée d'Arques.

Les Baigneuses.

Une Rue à Honfleur.

Les Vaux de Cernay.

Une Cour de ferme (vallée d'Auge.)

Font partie de la collection publiée chez Goupil et Cᵉ, boulevard Montmartre, nᵒ 19, en album.

4033. Deux eaux-fortes d'après les tableaux de l'auteur, même numéro.

Brigands dans une forêt.

Le Cavalier, dernière eau-forte.

TABLEAUX

ÉTUDES, ESQUISSES, DESSINS, ETC.

QUI N'ONT POINT FIGURÉ

AUX EXPOSITIONS ANNUELLES

1824

45. — Un Bord de Rivière (Picardie.)

Appartient au docteur Huet. — L. o^m,38; h. o^m,22.

46. — Vue prise de la terrasse de Saint-Germain.

Un orage éclate, le soleil perce à travers les nuages et forme un arc-en-ciel, an fond le pont du Pecq, rompu en 1815. — L. o^m,39, h. o^m,21.

Portrait de M. René Richomme, et Portrait de Mademoiselle Céleste Richomme, à l'âge de sept ans. — o^m,39 sur o^m, 21.

Cette enfant devint plus tard la femme de Paul Huet.

1825

Cour de Ferme (Picardie).

Une vieille maison couverte en tuiles, sur le premier plan une mare avec des canards.

Appartient à Mme Genest. — L. o^m,54, h. o^m,45.

1826

47. — Maison de Garde (Compiègne).

Appartient à M. Sollier, à La Flèche.

La maison se détache en lumière sur les arbres sombres, et se reflète dans les eaux du premier plan. — L. 1^m,46, h. 1^m,14.

48. — Petites Dunes, Environs de Saint-Valery (Picardie).

Appartenant à M. Asseline. — Environ o^m,35 l., sur o^m,30 h.

1827

49. — Étude prise au pied de la côte de Grâce.

Un chemin creux, à droite la mer, berger avec des moutons. — L. o^m,36 sur o^m,23 h.

1828

50. — Moulins de la Glacière, près Paris.

Au premier plan, mare avec canards, et femme lavant du linge. — L. o^m,45, h. o^m,37.

Appartient à M. Ph. Burty.

1829

51. — Étude de Pommiers, Honfleur. —
o^m,26 sur o^m,21.

52. — Étude dans le Parc de Saint-
Cloud, avec figures. — o^m,47 sur o^m,38.

1832

53. — Une Plage en Picardie, avec
figures.

Appartient à M. John Saulnier, à Bordeaux.

1833

54. — Étude près Honfleur.

Appartient à M. E. Dionis. — L. o^m,47, h. o^m,36.

1836

Étude de mare à Compiègne-sous-Bois.
— o^m,33 sur o^m,21.

55. — La vallée de Thiers (Puy-de-
Dôme), appartient à M. Jules Clairin. —
L. o^m34. H. o,^m20.

1838

56. — Chaumière en Picardie.

Appartient à M. Dionis, du Séjour. — L. o^m,45,
h. o^m,30.

1846

57. — La Vallée de Byzanos.

Vue prise de la place Henri IV, à Pau, à l'horizon la chaîne des Pyrénées couvertes de neige. — L. 0^m,51 sur 0^m,31.

Vapeurs d'automne; Soleil couchant sur des Marais de Picardie.

Ce tableau appartient à M. de Pontmartin. — L. 0^m,50 sur 0^m,34. — Esquisse faite en 1835. L. 0^m,33 sur 0^m,23.

Un Chêne brûlé.

Appartenant à M. Asseline.

58. — Bord de Rivière avec un cavalier vêtu de rouge. Fin d'Automne. — 0^m,38 sur 0^m,26.

1848

59. — Étude à Bellevue, effet de pluie. — 0^m,38 sur 0^m,18.

60. — Intérieur du Parc de Saint-Cloud en été, figures sous les arbres. — 0^m,61 sur 0^m,40.

61. — Un Gué.

Soleil couchant dans le brouillard d'automne. — L. 0^m,45 sur 0^m,30.

62. — Étude de Cheval arabe. — o^m,45
sur o^m,36.

1849

Vallée d'Andilly, effet du matin. — o^m,46
sur o^m,32.

Intérieur de Parc, à Andilly, automne. —
L. o^m,83. H. o^m, 54.

1850

63. — Vue du lac Pavin (Auvergne).

Un orage dans les montagnes. — 1^m sur o^m,65, ébauche.

64. — Intérieur de Parc, matinée d'été,
esquisse avec figures. — o^m,37 sur o^m,24.

1852

65. — Sous bois au Grosfouteau.

Forêt de Fontainebleau. — L. o^m,83 sur o^m,60.
Exposé à Bruxelles en 1869.

Étude de rochers à Mortain, temps gris.
— o^m,60 sur o^m,46.

Étude de la Cascade de Mortain. — L.
o^m,68. H. o^m,46.

66. — Étude de Mer à Granville. —
o^m38 sur o^m,26.

67. — Sous bois à Fontainebleau. — L. o^m39, h. o^m,32.

68. — Un troupeau de Bœufs dans une prairie de Toucques, repos de midi. — o^m,38 sur o^m,24.

1853

69. — Un Chemin à Seine-Port, effet de soleil d'automne vers le soir. — o^m,40 sur o^m,32.

70. — Un barrage de la Seine à Seine-Port, étude d'après nature, soleil après midi. — o^m,56 sur o^m,37.

71. — Souvenir de Walter Scott.

Un lac, de grands arbres agités par le vent, une barque avec figures, répétition d'une esquisse appartenant à M. Dargaud. — L. o^m,56, h. o^m,40.

La petite Rivière des Anglais à Seine-Port, reflets du soleil couchant. — o^m,45 sur o^m,34.

72. — Marais Salants, à Saint-Valery-sur-Somme.

Appartient à M. Eugène Pelletan. — L. o^m,45, h. o^m,31.

1854

73. — Vieux Moulin à Villers-sur-Mer

(Calvados), appartenant à M. Redelsperger. — Environ o^m,70 sur o^m,50.

Moulin à Villers. Étude d'après nature pour ce tableau. — o^m,57 sur o^m,37.

74. — Une Cour de ferme à Villers (Calvados). — L. o^m,47, h. o^m,32.

75. — Une Cour à Villers.

Appartient à M. Salavi, — L. o^m,78, h. o^m,52, environ.

1856

76. — Marais de la vallée d'Eu.

Étude. — L. o^m,38, h. o^m,33.

77. — La vieille église du Tréport.

Clair de lune reflété dans les eaux du port, esquisse. — L. o^m,36, h. o^m,22.

Saulée. Environs de Paris, appartient à Mme Des Essars. — L. o^m,36, h. o^m,25.

1857

78. — Vue prise au Moulin de Fontenay-aux-Roses; au premier plan, des moutons. — o^m,60 sur o^m, 43.

79. — Chemin creux à Fontenay-aux-Roses, printemps. — H. o^m,40 l. o^m,82.

1858

80. — Taureau-Durham, étude faite au château de Trousseauville (Calvados), chez M. Dutrône. — $0^m,44$ sur $0^m,31$.

81. — Étude de bœuf avec ses entraves, dans la Vallée d'Auge. — $0^m,53$ sur $0^m,37$.

1859

82. — Les foins en Brie. Coucher de soleil, une charrette chargée de foins. — $0^m,48$ sur $0^m,31$.

Les falaises de Houlgatt, un troupeau de vaches, la mer à l'horizon. — $0^m,63$ sur $0^m,44$.

83. — Un Gué à Beuzeval (Calvados), chemin creux sous les ormes. — En hauteur, $0^m,36$ sur $0^m,31$.

84. — Cour de ferme, à Lumières en Brie. Étude de Volailles. — $0^m,44$ sur $0^m,30$.

1860

85. — Marée montante.

Barque échouée à l'embouchure de la Dives. Appartient à M. Aubry. — L. $0^m,52$, h. $0^m,35$.

1861

86. — Le ruisseau de Marie-Jolie, près Falaise (Calvados). — 0^m,54 sur 0^m,40.

87. — Maisons à Falaise.

Murailles blanches en plein midi. — L. 0^m,50, h. 0^m,61.

88. — Petite cour de ferme, à Falaise.

Effet du matin. — L. 0^m,54, h. 0^m40.

89. — Une vue de la Vallée d'Auge.

Temps gris, au premier plan un troupeau de moutons. — 0^m,37, h. 0^m,27.

90. — Bords de rivière à Pont-Douilly.

Effet de pluie en été.
Appartient au docteur Huet. — L. 0^m,48, h. 0^m,31.

1862

91. — Chasse au renard dans les environs de Fontainebleau.

Effet de pluie. — L. 0^m,44, h. 0^m,30.

92. — Étude de Fleurs. Cactus et pivoines dans un panier. — 0^m,65 sur 0^m,57.

Deux dessus de porte, l'Été et l'Automne. Salle à manger de M. Félix Sallard, à Maisons-Lafitte. — L. 0^m,85, h. 0^m,40.

1863

93. — Etude de mer, effet de pluie.

Marée montante, aux dunes d'Houlgatt. — L. o^m,39, h. o^m,22.

94. — Rochers du Calvaire, forêt de Fontainebleau, effet de pluie. — o^m,60 sur o^m,5o.

95. — Une allée de bois, soleil Couchant.

Fin d'automne.
Appartient à M. J. Michelet. — L. o^m,45, h. o^m,56.

96. — Les bords d'un étang, soleil d'automne.

Appartient à M. J. Michelet. — L. o^m,33, h. o^m,25.

1864

97. — Un lièvre pendu par les pattes, étude de nature morte. — o^m,65 sur o^m,78.

98. — Chevaux attelés à un tombereau, étude faite à Chaville. — o^m,8o sur o^m,35.

99. — Le Lancer, forêt de Fontainebleau.

Effet d'automne. Au premier plan, un piqueur en rouge sonne le bien-aller. — L. o^m,49, h. o^m,34.

100. — Bouquet dans un pot en faïence de Rouen. — o^m,5o sur o^m,39.

1865

101. — Effet du soir aux étangs de Chaville. Sous les arbres deux cavaliers dans l'ombre, esquisse.

102. — Une maison de paysan dans la Brie, effet de soleil. — o^m,5o sur o^m,6o.

103. — Une Mare en Bretagne, effet du soir, une Laveuse. — o^m,52 sur o^m,37.

104. — Cour de ferme en Brie, à Lumières.

Étude de volailles; dindons blancs. — L. o^m,42, h. o^m,33.

105. — Bouquet dans un vase bleu, Roses et Chrysanthèmes. — o^m,43 sur o^m,57.

106. — Une pièce d'eau, matinée de printemps.

Appartient au docteur A. Richard. Deuxième esquisse, de mêmes dimensions. — L. o^m,51, h. o^m,34.

107. — Bords de la Seine à Aizier. — L. o^m,55. H. o^m,37.

108. — Pacage normand, temps d'orage, esquisse. — L. o^m,35. H. o^m, 27.

1866

109. — Une allée du Bois de Ville-d'Avray, brouillard du matin en été. — o^m,70 sur o^m,42.

110. — Lavoir dans un Pré, effet d'automne, près de Pont-Audemer. — o^m,55 sur o^m,35.

111. — Le Pont de Toucques, près Trouville, deux grandes barques ensablées. — o^m,77 sur o^m,46.

112. — Le Château de Pierrefonds, vue prise du fond de la Vallée, effet du matin. — o^m,51 sur o^m,34.

Étude de fleurs, Pivoines, Iris, Faux ébéniers. — o^m,75 sur o^m,60.

113. — Moulin hollandais, à Leyde.

Effet de brouillard.

Appartient à M. Ernest Chesneau. — L. o^m,77, h. o^m,77.

1867

114. — Vue de la Meuse à Dordrecht (Hollande).

Crépuscule; au fond, les tours de Dordrecht et les moulins hollandais. — L. o^m,77, h. o^m,46.

115. — Sous Bois, au Grosfouteau, Forêt de Fontainebleau, printemps. — o^m,51 sur o^m,37.

116. — Une pièce d'eau dans un parc.

Souvenir de Courances, effet du soir.
Appartient à M. Eud. Marcille. — L. o^m,48, h. o^m,35.

117. — La Rivière des Anglais à Seine-
port.

Crépuscule en été.
Appartient à M. Auguste Préault. — L. o^m,68,
h. o^m,45.

1868

118. — Un Chemin sur la lisière du
Bois, Chaville, vapeurs du soir. — H. o^m,51
sur o^m,35.

Marine. Vue des Falaises du Tréport.

Appartient à M. Becq, de Feuquières. — L. o^m,75,
h. o^m,46. Esquisse d'après nature, l. o^m,32, h. o^m,19.

119. — Les Falaises du Tréport après
l'orage.

Appartient à M. Jules Michelet. — L. o^m,43, h. o^m,25.

Étude de Vache faite à Lumières, dernière étude d'après nature. — o^m,50 sur
o^m,34.

LISTE

DES PRINCIPAUX

DESSINS A LA PLUME

LAVIS, FUSAINS, AQUARELLES

1826

120. — Vallée de Coucy, vue prise à Follembray ; aquarelle. — L. 0^m,45, h., 0^m,30.

121. — La Jetée avec barques, Honfleur.

122. — Étude de mer, Honfleur.

123. — Soleil couchant, Honfleur.

124. — Maisons à Honfleur, bord de la mer.

1827

125. — Parc de Saint-Cloud ; dessin à la plume.

126. — Cabane, Picardie ; aquarelle.

1828

127. — La Côte de Grâce, Honfleur ; aquarelle. — L. 0^m,44, h. 0^m,26.

128. — La Seine aux environs de Rouen ; aquarelle. — L. 0^m,47, h. 0^m,30.

129. — Intérieur de cloître, à Rouen ; aquarelle.

130. — Rue derrière Saint-Maclou, à Rouen ; aquarelle.

131. — Vieilles maisons à Rouen ; aquarelle

132. — Vue de la campagne, près Rouen.

1830

133. — Ormes sur la route d'Honfleur ; dessin à la plume.

134. — Étude de hêtres, Compiègne ; dessin à la plume. — H. 0^m,56, l. 0^m,42.

135. — Étude de hêtres au bord de l'eau, Compiègne ; dessin à la plume. — L. 0^m,53, h. 0^m,31.

136. — Étang de Saint-Pierre, à Compiègne, dessin à la plume. — L. 0^m,58, h. 0^m,42.

137. — Un Hêtre près du vieux moulin

au bord de l'eau, à Compiègne; dessin à la plume. — L. o^m,59, h. o^m,43.

138. — Chênes tombés, à Compiègne; dessin à la plume. — H. o^m,58, l. o^m,44.

139. — Étude de Chêne, à Compiègne; fusain. — L. o^m,32, h. o^m,23.

1833

140. — Une Vallée en Auvergne. — L. o^m,43, h. o^m,28. Exposé en 1849.

141. — Torrent avec deux vautours qui planent, Auvergne ; fusain. — H. o^m,50, l. o^m,39.

142. — Vue d'Auvergne, signé P. H. ; fusain.

143. — Vue de torrent, Auvergne, sapins au fond; fusain.

144. — Une Femme d'Auvergne, de face, portant une cruche sous le bras; fusain. — H. o^m,59, l. o^m,41.

145. — Une Femme portant une corbeille sur la tête, vue de dos, signé P. H. — H. o^m,54, l. o^m,39. Auvergne; fusain.

146. — Jeune Fille portant un enfant, vue de face ; fusain.

147. — Jeune Fille portant un enfant, vue de dos; fusain. Signé P. H. — H. o^m,42, l. o^m,29.

148. — Vieillard d'Auvergne, vu de dos; fusain. — H. o^m,42, l. o^m,29.

149. — La Cascade de Royat, Auvergne; fusain et crayon blanc. — H. o^m,54, l. o^m,42.

150. — Le Pont du Gard; lavis et plume. — L. o^m,49, h. o^m,23. Esquisse pour le tableau.

151. — Vue d'Italie; aquarelle. — L. o^m,46, h. o^m,29.

152. — Vue du lac Pavin (Auvergne), exposée au Salon de 1849; fusain. — L. o^m,42, h. o^m,29.

153. — La Chambre de la malade, intérieur (Auvergne), exposée en 1839. Esquisse du tableau exposé en 1859. — L. o^m,42, h. o^m,29.

154. — Le Val d'Enfer, Auvergne, signé P. H., exposé en 1849. — L. o^m,43, h. o^m,28.

155. — Le Pont du Gard, dessin à la plume; appartient à M. Dionis. — L. o^m,45, h. o^m23.

156. — Fond de vallée en Auvergne;

fusain signé P. H. Exposé en 1849. — L. o^m,45, h. o^m,3o.

1834

157. — L'Arbre de la Reinc, Compiègne; aquarelle. — L. o, h. o.

1835

158. — Le Tréport.

159. — Falaise de Fécamp; aquarelle.

160. — Le Mont Dore; aquarelle.

161. — Autre vue du Mont Dore; aquarelle.

1836

162. — Vue générale du parc de Nice; mine de plomb. — L. o^m,52, h. o^m,39.

163. — Rochers à Nice, bords de mer; mine de plomb. — L. o^m,61, h. o^m,38.

164. — Rochers de Nice.

165. — Rochers de Nice.

166. — Maisons à Menton; à la plume. — H. o^m,48, l. o^r,38.

167. — Maisons à Nice, daté 17 décembre, signé P. H.; à la plume. — L. o^m,47, h. o^m,32.

168. — Porte de ville à Nice; à la plume.
— L. o^m,47, h. o^m,32.

169. — Vue de ville, à Nice, avec figures ;
à la plume.

170. — Vue de Nice, prise au Monte-
Calvo, aquarelle.

171. — Rochers à Nice; étude à la plume.

172. — Couvent de Saint-André près
Nice, vu du torrent; à la plume. — L. o^m,66,
h. o^m,43.

173. — Torrent à Nice; dessin à la plume
en hauteur. — L. o^m,42, h. o^m,53.

174. — Étude de Rochers aux environs
de Nice, aquarelle. — L. o^m,47, h. o^m,28.

175. — Ollioules, près de Toulon, route
de Marseille.

176. — Rochers de Nice, deux moines;
à la plume. — L. o^m,65, h. o^m,43.

177. — Rochers de Nice; à la plume.

178. — Route de Villefranche, oliviers ;
une femme porte une corbeille, vue de dos;
à la plume. — L. o^m,66, h. o,^m43.

179. — Route de Villefranche, oliviers;
un berger et une chèvre; à la plume. —
L. o^m,64, h. o^m,47.

180. — Rochers Carabasco, à Nice; aquarelle. — L. 0^m,49, h. 0^m,33.

181. — Le Pailleron, torrent, à Nice; aquarelle. — L. 0^m,47, h. 0^m,31.

182. — Rochers près de Nice, dans les montagnes; mine de plomb. — L. 0^m, 53, h. 0^m,39.

183. — Autres rochers près Nice; aquarelle. — L. 0^m,50, h. 0^m,28.

1839

184. — Vue du port de Nice, prise du lazaret; aquarelle.

185. — Vue générale de Nice et des monts de France; aquarelle. — L. 0^m,58, h. 0^m,37.

186. — Torrent de la Corniche; aquarelle.

187. — Vue de la Corniche Rocca-Brune; aquarelle. — L. 0^m,53, h. 0^m,37.

188. — Route de la Corniche; gouache et lavis. — L. 0^m,49, h. 0^m,33.

189. — Rochers de Nice.

190. — Villefranche, près Nice, maisons de paysans, daté 1839. — L. 0^m,48, h. 0^m,31.

191. — Spolète; au lavis. — L. 0^m,65, h. 0^m,44.

192. — Les Cascatelles ; aquarelle. — L. 0^m,44, h. 35.

193. — Une Fabrique aux environs de Rome ; aquarelle. — L. 0^m,47, h. 0^m,32.

194. — Vue de Cannes. Il en existe une répétition appartenant à M. E. Soulas. Aquarelle.

195. — Les Cascatelles, prises des hauteurs ; aquarelle. — H. 0^m,45, l. 0^m,33.

196. — Gorges de la Corniche, avec un pont ; aquarelle. — H. 0^m,37, l. 0^m,29.

197. — Vue du col de Tende ; aquarelle. — L. 0^m,47, h. 0^m,29.

1843.

198. — Vue prise au Monte-Calvo ; aquarelle.

199. — Deux femmes sur un mulet ; fusain. — H. 0^m,45, l. 0^m,29.

200. — Homme et femme sur un mulet, fusain. — H. 0^m,45, l. 0^m,29.

201. Berger italien assis; aquarelle. —
H. 0^m,38, l. 0^m,26.

202. — Mendiant italien; aquarelle. —
H. 0^m,40, l. 0^m,30.

1844

203. — Vue prise au Monte-Calvo, effet
d'orage; aquarelle.

204. — Montagnes de France, Cannes;
aquarelle. — L. 0^m,46, h. 0^m,24.

205. — Bois du Var, près Nice; aquarelle.

206. — Sainte-Hélène, Promenade des
Anglais, près Nice; aquarelle. Effet de
matin.

207. — Autre vue de la Promenade des
Anglais, près Nice; aquarelle. Effet du
matin.

1845

208. — Hêtre dans la vallée de Laruns,
Basses-Pyrénées; dessin aux deux crayons.
— L. 0^m,52, h. 0^m,33.

209. — Le Gave de Pau, étude de hêtre;
dessin à la plume. — L. 0^m,51, h. 0^m,31.

210. — Cascade dans la vallée de Laruns, Basses-Pyrénées ; aquarelle. — L. o^m,45, h. o^m,31.

211. — Femme des Pyrénées; aquarelle.

1848

212. — Parc réservé à Saint-Cloud.; aquarelle. Étude pour le tableau commandé par Son Altesse la duchesse d'Orléans et exposé au Salon de 1850. — L. o^m,52, h. o^m,36.

1849

213. — Parc de M. Lestapie, à Andilly; dessin mine de plomb. — L. o^m,51, h. o^m,39.

1850

214. — Chaumière en Normandie, au bord d'un ruisseau; dessin.

1851

215. — Cabanes de Trouville, vallée de la Toucques; dessin aux deux crayons.

216. — La Vallée d'Auge; dessin aux deux crayons. — L. o^m,48, h. o^m,27.

217. — Cabane du constructeur de barques, Trouville; dessin aux deux crayons.

9

218. — Cabanes à Trouville; dessin aux deux crayons.

219. — Cascade à Mortain; dessin aux deux crayons.

220. — Le Pont, à Toucques.

221. — Grève de Granville; aquarelle.

222. — Barque échouée, Trouville.

223. — Barque échouée, vallée de la Toucques.

224. — Troupeaux, vallée de la Toucques; dessin aux deux crayons.

225. — Cascade, Mortain; crayon et gouache. — H. o",50, l. o",40.

226. — Un Chemin, Mortain.

1852

227. — Descente du Calvaire, Fontainebleau; dessin aux deux crayons. — L. o",60, h. o",43.

228. — Près du rocher des Deux Sœurs, Fontainebleau.

229. — Vallée de la Solle, Fontainebleau; dessin à la plume. — L. o",60, h. o",46.

230. — Vallée d'Eu, une charrette; crayon et gouache. — L. o",39, h. o",25.

231. — Les Coteaux de vignes, Seine-Port; aquarelle.

232. — La Seine à Seine-Port; étude aux deux crayons pour le tableau exposé en 1855. — L. o^m,62, h. o^m,37.

233. — Fille et garçon du Tréport; aquarelle.

234. — Une Tricoteuse, Tréport; aquarelle.

235. — Pêcheurs, homme et femme, Tréport; aquarelle.

236. — Petit Pêcheur assis, Tréport; aquarelle.

237. — Pêcheurs, Tréport; aquarelle.

1853

238. — Pêcheurs; aquarelle.

1854

239. — Un Ruisseau à Villers; dessin aux deux crayons.'

240. — Une Cour de ferme, à Villers; dessin aux deux crayons. — L. o^m,46, h. o^m,31.

241. — Les Roches-Noires, Villers.

242. — Marée montante, Villers.

243. — Un Moulin à eau, Villers; dessin aux deux crayons.

244. — Une Chaumière, Villers; dessin aux deux crayons. — L. 0ᵐ,60, h. 0ᵐ,44.

1855

245. — Rochers du Nid de l'Aigle, Fontainebleau; aquarelle. — L. 0ᵐ,48, h. 0ᵐ,29.

246. — Un Arbre brisé, Nid de l'Aigle; Fontainebleau; deux crayons. — H. 0ᵐ,60, l. 0ᵐ,42.

247. — La Butte aux aires, Fontainebleau.

248. — Sous bois, Grosfouteau, Fontainebleau; aux deux crayons. — L. 0ᵐ,61, h. 0,45.

240. — Rochers du Charlemagne, Fontainebleau; aquarelle.

250. — Lisière de forêt, Fontainebleau; crayon rehaussé de gouache. — L. 0ᵐ,46, h. 0ᵐ,30.

1856

251. — Les Dunes, bourg d'Ault.

252. — Falaises du Tréport; aquarelle.

253. — Marée montante, Tréport.

254. — Ferme sur la falaise, Tréport ; dessin aux deux crayons. — L. o^m,47, h. o^m,30.

255. — La Jetée du Tréport.

256. — Une Grève à Mers, aquarelle.

257. — Rives de Saint-Assise, soleil couchant.

258. — Seine-Port ; fusain et crayon blanc. — L. o^m,63, H. o^m,43.

259. — L'Ile des Anglais. — L. o^m,47, h. o^m,32.

1857

260. — Une Mare, Beuzeval ; dessin aux deux crayons.

261. — Falaises d'Houlgatt ; dessin aux deux crayons.

262. — Plage d'Houlgatt ; dessin aux deux crayons. — L. o^m,44, h. o^m,28.

263. — Hauteurs de Dives.

264. — Barques échouées à l'entrée de la Dives.

1858

265. — Lac en Dauphiné ; aquarelle.

266. — Hêtre sur le torrent de la Grande-

Chartreuse; dessin aux deux crayons. — L. o^m,66, h. o^m,48.

267. — Fourvoirie, entrée du désert, de la Grande-Chartreuse; dessin aux deux crayons. — L. o^m,43, h. o^m,63.

1859

268. — Bords de rivière, saulées; environs de Paris; sépia.

1860

269. — Allée de hêtres, Compiègne; aquarelle.

270. — Maison de garde, Compiègne; aquarelle reprise à la gouache.

1861

271. — Penzance, Angleterre; aquarelle.

272. — Clair de lune, étang de Meudon.

273. — Clair de lune, entrée d'un bois.

1865

274. — Vue du château de Pierrefonds; dessin à la plume, au lavis. Étude pour le tableau exposé au Salon de 1867. — L. o^m,77, h. o^m,50.

1867

275. — Aquarelle d'après le tableau la Matinée de printemps, exposé en 1835 et à l'Exposition universelle 1867. — L. 0^m,48, h. 0^m,32.

1868

276. — Mont-Ussy, Fontainebleau ; dessin aux deux crayons.

277. — Belle-Croix, Fontainebleau ; dessin aux deux crayons.

278. — Le Clovis et le Charlemagne ; dessin crayon mine de plomb. — L. 0^m,58, h. 0^m,45.

279. — Le Charlemagne ; dessin au crayon noir et blanc. — L. 0^m,78, h. 0^m,53.

280. — Sous bois, Grosfouteau ; dessin aux deux crayons. — L. 0^m,42, h. 0^m,28.

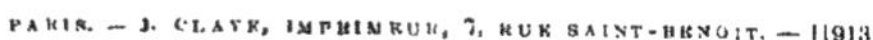

PARIS. — J. CLAYE, IMPRIMEUR, 7, RUE SAINT-BENOIT. — [1913]